당신이라는
1인기업

YOU,INC

Korean translation copyright © 2017 by Nara Publishing Co.
Korean translation rights arranged with Backbone worldwide, Inc

이 책의 한국어판 저작권은 Backbone worldwide. Inc사와의 계약에 의해 도서출판 나라에 있습니다. 한국 내에서 보호를 받는 저작물이므로 무단전재와 무단복제를 금합니다.

내 안에 존재하는 최고 경영자

당신이라는
YOU INC
1인 기업

자신의 가치를 최대로 높일 수 있는 10가지 원칙

버크 헤지스 저자 | 박 옥 옮김

도서출판 나라

우리는 태어날 때부터 목적과 꿈을
달성하고자 하는 욕구를 내면에 간직하고 있다.
단지 우리는 훈련, 교육, 지식 그리고 통찰력으로
그것을 활용하기만 하면 된다.

- 마크 트웨인 -

자기계발로 향하는 문을 여는 열쇠는

자신의 내면에 있음을 아는

모든 현명한 사람들에게 바칩니다.

차례

프롤로그
자기 가치를 최대로 높이는 10가지 원칙 ... 8

원칙 1
책임을 진다 ... 25

원칙 2
꿈을 꾸고 그것을 추구한다 ... 43

원칙 3
믿음의 힘 ... 63

원칙 4
행동한다 ... 85

원칙 5
모든 것은 자세가 결정한다 ... 103

(원칙 6)

생산적인 습관 ... 121

(원칙 7)

감정을 절제한다 ... 141

(원칙 8)

성공을 준비한다 ... 163

(원칙 9)

인생의 균형을 중요시한다 ... 183

(원칙 10)

변화당하기 전에 스스로 변화한다 ... 201

(에필로그)

운명은 선택이다 ... 217

프롤로그

자기 가치를 최대로 높이는
10가지 원칙

현재 모습은 진정한 당신이 아니다.
당신이 생각하는 미래 모습이 진정한 당신이다.

- 노먼 빈센트 필, 성직자이자 동기부여 연설가 -

몇 년 전, 어느 부유한 기업가가 쓰던 물건들이 경매시장에 나왔다. 제법 가치 있어 보이는 물건들을 처분하느라 지쳐버린 경매인은 얼마 남지 않은 물건 중에서 낡은 바이올린을 들고 심드렁하게 말했다.

"이건 대체 얼마를 불러야 할까요? 100달러…, 있습니까? 75달러는 어떻습니까? 50달러? 25달러? 아, 그럼 5달러는 어때요?"

사람들은 빙긋이 웃기만 할 뿐 아무도 선뜻 나서지 않았다. 경매인이 한숨을 내쉬며 애원하듯 말했다.

"단돈 1달러에도 사실 분이 없나요?"

이 말에 사람들은 한바탕 폭소를 터뜨렸다. 웃음소리가 잦아들자 누군가가 힘없는 목소리로 말했다.

"그 바이올린을 잠깐 살펴봐도 될까요?"

등이 굽은 그 노인은 발을 질질 끌며 앞으로 나가더니 가냘픈 손으로 바이올린을 건네받았다. 노련한 솜씨로 줄을 조율한 노인은 턱 밑에 바이올린을 갖다 대고 연주하기 시작했다. 감미롭고 맑은 선율이 흘러나오자 낡은 바이올린을 비웃던 사람들은 일순간 얼어붙은 듯 음악에 빠져들었다. 이윽고 독주가 끝나자 노인은 허리 굽혀 인사한 다음 경매인에게 바이올린을 건네주고는 천천히 걸어 나갔다. 음악에 취해 있던 사람들은 누가 먼저랄 것도 없이 뜨거운 박수갈채를 보내주었다.

경매인은 밝게 웃으며 아직도 음악에 취해 있는 사람들을 향해 외쳤다.

"이 훌륭한 악기에 얼마를 붙여야 할까요? 실크 모자를 쓴 신사분이 1천 달러를 불렀습니다. 앞줄에 앉은 부인이 2천 달러…, 다시 신사 분 3천 달러, 맞습니까? 4천 달러라고요? 아니, 5천 달러라고요! 5천 달러입니다. 그 이상은 없습니까? 네, 그럼 결정되었습니다! 이 바이올린은 5천 달러에 팔렸습니다."

가치를 최대로 높이는 방법

처음에 바이올린의 가치는 겨우 1달러였지만 마지막에는 무려 5천 퍼센트나 올라갔다! 그 가치를 아는 사람이 단지 줄을 좀 조율하고 재능과 열정으로 연주해 가치를 극적으로 끌어올린 것이다. 이 이야기가 주는 교훈이 바로 내가 이 책에서 전하고자 하는 내용이다. 바이올린 같은 상품뿐 아니라 모든 개개인의 가치는 약간의 조율만으로도 백 배 심지어 수천 배나 커질 수 있다.

개인 향상을 위한 새로운 패러다임

1인 기업은 내가 내 회사의 사장이자 100퍼센트 주주라는 것을 의미한다. 이 책은 여러분의 의식을 한 단계 높이고 패러다임을 확장해 내면의 '1인 기업'을 발견하도록 만들기 위해 쓴 것이다. 타고난 능력과 재능을 최대한 활용하려면 '나'라는 1인 기업을 생각해봐야 한다.

하인이 아니라 주인으로 살기

세계적인 경영컨설턴트 마이클 거버는 "비즈니스에 실패하는 이유는 경쟁, 자금부족, 불성실한 직원 같은 통제할 수 없는 원인 때문이 아니다"라고 말한다. 경영에는 어디까지나 리더의 마인드가 중요하므로 경영자가 비즈니스를 주도적으로 이끌어가야 한다는 얘기다. 성공하는 비즈니스를 위해 그가 제시하는 해결책은 단순명쾌하다.

"사업은 사업자의 마인드를 명확히 반영한다. 사업자의 생각이 나약하면 사업도 나약해진다. 사업자가 조직적으로 일하지 않으면 사업도 조직적이지 못하다. 사업자가 탐욕스러우면 함께 일하는 사람들도 탐욕스러워진다. 성공하고 싶다면 사업자 자신이 먼저 변해야 한다. 변해야 성공할 수 있다!"

어떤 역할에서든 성공하고 싶다면 흘러가는 대로 내버려둘 것이 아니라 인생을 주도적으로 이끌어야 한다. 이것이 '1인 기업'의 진정한 의미다.

이 책의 목적은 여러분의 가치를 극적으로 높이는 데 있다. 실제로 이 책에서 제시하는 10가지 원칙은 인생의 모든 면에서 여러분의 가치를 높여줄 것이다. 여러분의 가치가 높아질수록 여러분은 어디에서든 모두에게 소중한 사람이 될 수 있다. 다시 말해 사업에서든 개인생활에서든 지금보다 행복하고 성공적인 인생을 살아갈 수 있다.

지금, 자신의 가치를 높여야 하는 이유

우리는 현재 엄청난 변화 속에서 가장 흥미롭고도 굉장한 기회가 숨어 있는 시대를 살고 있다. 동시에 지금은 일상적인 구조조정, 글로벌 경쟁, 잦은 직업 전환의 시대다. 한마디로 위기와 기회가 공존하고 있다. 이럴 때 중요한 것은 자신이 독립된 인격체임을 깨닫고 독립적인 사업자로 나서는 일이다. 즉, 여러분은 1인 기업으로 우뚝 서야 한다.

쓰라린 실패의 기억

1인 기업은 새로운 사고방식이자 행동양식이다. 사실 나는 성공뿐 아니라 실패 경험도 많이 했다. 사회에 나온 지 1년여 만에 소규모 사업을 시작했다가 20만 달러가 넘는 빚을 떠안기도 했다. 한 가정의 가장으로서 나는 단순히 상처를 받은 정도가 아니라 깊은 좌절감을 맛보았다.

그렇지만 비가 내리지 않으면 무지개도 뜨지 않는 법이다. 초기의 실패는 내 앞길에 비를 뿌렸으나 나는 그로부터 커다란 교훈을 얻었다. 나아가 젊은 시절의 실패는 장기적으로 볼 때 내가 한 인간으로서 변화하고 성장하는 계기가 되었다.

C학점짜리가 D학점짜리를 위해 일하는 이유

나는 지극히 평범한 사람으로 빌 게이츠처럼 타고난 천재가 아닙니다. 빌은 돈을 버느라 너무 바빠서 하버드를 중퇴한 수재지만, 나는 B학점이라도 받아보려고 기를 쓰던 C학점짜리 학생이었다. 그래도 나는 나 자신을 믿었다. 내가 노력하면 인생이 나아지고, 내가 찾기만 하면 기회는 어디에든 있다고 확신했다.

세상에는 링컨처럼 낮은 곳에서 출발해 커다란 성공을 거두는 사람도 있고, 온갖 좋은 조건을 갖추고 태어났으면서도 모든 일이 잘 풀리지 않는 사람도 있다. 얼마 전, 나는 내 변호사와 함께 학창시절에 A학점을 받은 학생이 인생에서 언제나 가장 크게 성공하는 것은 아니라는 얘기를 나누고 있었다. 그는 미소를 짓더니 이렇게 말했다.

"버크, 내가 대학에 다닐 때 'A학점을 받은 학생은 교수가 되고, B학점을 받은 학생은 판사가 된다. 그리고 C학점을 받은 학생은 D학점을 받은 학생을 위해 돈을 번다'라는 말이 있었어요."

그렇다면 공부를 잘하는 것이 성공 비결이 아니라면 대체 무엇이 성공 비결일까?

지능지수(IQ)와 감성지수(EQ)

과학자들에 따르면 IQ는 상당 부분 타고난다고 한다. 그렇다면 노력도 노력이지만 머리싸움을 벌여야 하는 '학습'에서는 어쩔 수 없이 뒤처지는 사람이 나올 수밖에 없다. 사실 학교에서 A학점을 받은 학생은 IQ가 높은 편이다. 그런데 'C학점을 받은 학생이 D학점을 받은 학생을 위해 돈을 버는' 경우가 많은 이유는 무엇일까?

최근의 연구 결과 IQ는 인생에서의 성공에 겨우 20퍼센트만 영향을 미친다고 한다. 나머지 80퍼센트를 차지하는 것은 EQ다. 예를 들어 영업직이나 관리직은 대부분 EQ에 의존한다. 성공한 직장인과 사업자가 되는 것도 EQ에 달려 있다.

무엇보다 좋은 소식은 IQ와 달리 EQ는 평생 향상시킬 수 있다는 점이다. 이는 곧 우리가 성취할 수 있는 일의 80퍼센트를 스스로 통제할 수 있다는 뜻이다. 조율과 연주로 가치가 극적으로 상승한 낡은 바이올린처럼 여러분도 10가지 기본 원칙에 따라 EQ를 조율하면 자신의 효용가치를 극적으로 높일 수 있다.

이해하고 받아들여라

1인 기업 프로그램은 여러분의 개인적 재능을 향상시켜 EQ를 높여준다. 그 과정에서 여러분은 중요한 자기계발 원칙을 배워 조율할 수 있다. 여러분 자신이 업그레이드되면 일과 사업이 더 잘 진행되지 않겠는가. 여러분의 건강과 인간관계도 좋아지지 않겠는가. 분명 여러분 인생의 모든 면이 더 좋아질 것이다.

선택은 여러분에게 달려 있다. 완전히 통제할 수 있는 '선택권'을 어떻게 사용하겠는가?

'변화하겠다'는 선택

어느 화창한 가을날, 나는 사업차 플로리다에 갔다가 모처럼 전 직장을 찾아갔다. 내가 그곳을 떠난 지 10년이 지났는데도 나와 함께 일하던 동료 두 명이 여전히 그곳에서 일하고 있었다. 반가운 마음에 서로를 얼싸안은 우리는 옛 이야기를 풀어내며 즐거운 시간을 보냈다.

이윽고 내가 떠나려 하자, 동료 밥이 요즘 무슨 일을 하느냐고 물었다. 나는 몇 가지 사업을 시작했고 책도 두어 권 썼다고 대답했다.

"잠깐만, 내 차에 책이 몇 권 있을 거야. 한 권 갖다 줄게."

내가 차를 향해 가기 시작하자 밥이 등 뒤에서 소리쳤다.

"책은 됐어. 주고 싶으면 맥주나 사줘!"

그날 나는 집으로 돌아오면서 똑같이 사회생활을 시작한 밥과 내가 지금 얼마나 다르게 살고 있는지 생각했다. 10년이 지난 지금도 밥은 여전히 투덜거리면서 박봉에 시달렸다. 시절이 좋아 잔업이 많으면 연봉 1만 8,000달러는 벌 것이다. 밥과 똑같이 일하던 나는 1인 기업을 선택했다. 1만 8,000달러를 벌면서 싫어하는 일에 묶이기보다 좋아하는 일을 하면서 훨씬 더 많은 돈을 벌도록 내 효용가치를 극적으로 높이는 길을 선택했기 때문이다. 결과적으로 나는 지금 하루에 1만 8,000달러를 벌기도 한다. 이 모든 것을 누리는 것은 내 선택 덕분이다.

책 한 권이 인생을 바꾸기도 한다

스물세 살 때, 오그 만디노가 쓴 《세상에서 가장 위대한 상인》을 선물로 받은 나는 맥주를 홀짝거리는 즐거움을 포기하고 그 책을 열심히 읽었다. 그리고 다행스럽게도 자기계발로 향하는 문을 열겠다는 현명한 선택을 한 것이다!

나는 '하지 않을 핑계'를 찾는 대신 내 가치를 높이기 위해 '해야 할 이유'를 찾았고, 그것은 내 인생을 완전히 바꿔 놓았다. 《세상에서 가장 위대한 상인》은 내 인생을 기회의 바다로 안내한 첫 단추였다. 여러분 중에는 '1인 기업' 원칙이 평범한 보통사람에게도 적용되는지 궁금해 하는 사람이 있을지도 모른다. 남보다 가진 것도, 재능도 나을 것이 없는 평범한 보통사람 말이다. 이 책을 읽는 모든 사람의 공통적인 의문은 이것이다.

'이 원칙이 내게도 효과가 있을까?'

평범한 보통사람

월터는 뉴욕 시의 택시 운전기사로 지극히 평범한 보통사람이다. 그러면 월터가 수많은 다른 택시 운전기사처럼 생각하고 행동하는 대신, '1인 기업'처럼 생각하고 행동함으로써 어떤 변화를 일으켰는지 살펴보자.

나는 월터의 이야기를 《상어와 함께 수영하되 잡아먹히지 않고 살아남는 법》을 저술한 하비 맥케이에게 전해 들었다. 월터는 1인 기업 개념이 평범한 보통사람에게도 충분히 적용 가능하다는 것을 실제로 보여준다. 먼저 뉴욕 같은 대도시에서 택시를 타면 대개는 서비스가 별로라는 것을 미리 말해두고 싶다.

택시를 탔을 때의 일반적인 경험

나는 택시를 탈 때마다 이런 모습을 본다.

운전기사는 이틀쯤 면도를 하지 않은 듯 수염이 덥수룩하고 인상이 거칠다. 택시 안은 공장에서 출고한 이후 한 번도 세차한 적 없는 것처럼 지저분하고 찌든 담배 냄새가 난다. 여기까지는 그런대로 견딜 만하다.

운전기사는 신호를 무시하기 일쑤고 막무가내로 끼어들며 한꺼번에 세 개 차선을 가로질러 변경하기도 한다. 미리 차선변경 신호를 하고 끼어드는 일도 없고 간혹 위험한 순간을 간신히 빠져나오면 상스런 욕을 내뱉는다.

불행히도 이는 우리가 택시를 탈 때 일반적으로 겪는 일이다. 나는 택시 좌석에 엉덩이를 붙이면 느긋하게 바깥풍경을 구경하리라는 것은 아예 포기하고 무사히 목적지까지 가기만 바란다. 사실 우리가 택시를 타는 이유는 갈아타야 하는 대중교통이 불편해서인데, 오히려 그 불편함을 감수하는 것이 낫겠다는 생각이 들만큼 택시를 타면 불안할 때가 많다.

여러분은 택시 운전기사가 고객을 배려해 자신의 효용가치를 높인다면 그만한 보상을 해주겠는가? 나는 기꺼이 그럴 것이다.

그러면 맥케이가 들려주는 월터의 이야기에 귀를 기울여보자.

1인 기업의 자세

어느 날 맥케이는 공항으로 가기 위해 택시를 잡았는데, 차가 깨끗하다는 것 외에 여느 택시와 달라 보이는 건 없었다. 그런데 맥케이가 차 안으로 들어가 앉자 월터는 종이 한 장을 내밀었다.

『'안녕하세요? 저는 당신의 운전기사 월터입니다. 당신을 목적지까지 편안하고 안전하게 제시간에 모셔다드리겠습니다. 좀 더 즐거운 여행을 위해 좋은 아이디어가 있으면 말씀해주십시오. 기꺼이 도와드리겠습니다.'』

그때까지 수천 번 이상 택시를 타면서 한 번도 그런 안내문을 받아본 적 없던 맥케이는 깜짝 놀랐다. 월터는 정중하게 맥케이를 돌아보며 두 종류의 일간신문을 내밀기까지 했다.

"오늘 나온 〈뉴욕타임스〉를 보시겠습니까, 아니면 〈뉴욕포스트〉를 보시겠습니까?"

"얼마요?"

맥케이는 약간 미심쩍은 표정으로 물었다. 월터는 "무료입니다,

선생님" 하고 밝게 말했다. 그에게 깊은 인상을 받은 맥케이는 택시 안을 좀 더 자세히 관찰하기 시작했다. 월터의 택시에는 얼룩한 점 없었고 담배 냄새도 나지 않았다. 오히려 은은한 공기청정제 향이 코를 즐겁게 했다. 월터 자신도 깨끗이 면도를 한 것은 물론 와이셔츠와 넥타이까지 갖춘 정장차림이었다. 시간이 갈수록 월터의 장점은 더욱 두드러졌다.

"선생님, 라디오를 틀어드릴까요? 대중음악, 록, 고전 중에서 어떤 것을 좋아하십니까? 아니면 CD 중에서 고르시겠습니까?"

이쯤 되자 맥케이는 가벼운 충격을 느꼈다. 뉴욕 시의 택시에 앉아 별 다섯 개짜리 호텔 못지않은 서비스를 받고 있으니 그럴 만했다. 월터는 마치 일류호텔의 룸서비스에 바퀴만 달아놓은 것처럼 꼼꼼하게 서비스를 제공했다.

"가벼운 스낵을 좀 준비했는데, 드시겠습니까?"

월터는 빨갛게 익은 사과, 오렌지, 바나나, 저지방 치즈, 크래커, 과자 등으로 가득한 과일바구니를 들어 보였다. 공항까지 가는 30분 동안 월터의 꼼꼼한 서비스를 받은 맥케이는 자신이 얼마나 즐거웠는지 자세히 들려주었다. 그는 월터에게 기쁜 마음으로 상당한 팁을 건넸다고 했다. 그 정도 서비스라면 어느 누가 팁을 주고 싶지 않겠는가! 맥케이는 월터에게 1년에 팁으로만 1만 2,000달러에서 1만 4,000달러를 번다는 말을 들었다고 했다.

평범함과 비범함의 차이는 선택에 있다

　사실 우리가 놀라워해야 할 일은 월터의 꼼꼼한 서비스가 아니라, 월터의 서비스가 드문 일이라 사람들이 그런 서비스에 놀란다는 점이다. 심지어 수천 번 이상 택시를 타본 맥케이까지도 그의 서비스에 매우 놀랐다. 월터가 '1인 기업' 개념을 알았든 몰랐든 그는 자신이 1인 기업임을 인식하고 그에 따라 행동한 사람이다.

　　그는 자신의 성공을 책임졌다.
　　그는 자신의 서비스를 보다 훌륭하고 생산적으로, 더 수익성 높게 제공할 방법을 계획했다.
　　그는 자기 가치를 높여주는 서비스를 제공했다.
　　그는 자신의 아이디어를 실천했다.
　　그는 자세를 바꿔 고객의 마음을 편안하게 해주었다.
　　그는 생산적인 습관을 개발해 몸에 익혔다.
　　그는 관찰, 연구, 감정이입으로 인생에서 보다 많은 것을 달성할 준비를 했다.
　　마침내 그는 평범한 택시기사에서 비범한 택시기사로 변신했다!

선택의 힘

월터는 평범한 보통사람도 그 평범함에 안주할 필요는 없다는 사실을 잘 보여준다.

우리는 '성장'을 선택할 수 있다.
우리는 '이해'를 선택할 수 있다.
우리는 '보다 나아질 것'을 선택할 수 있다.
우리는 '변화'를 선택할 수 있다.

우리는 평범한 인생을 비범한 인생으로 바꾸겠다는 선택을 할 수 있다. 월터처럼 말이다. 훨씬 훌륭해질 수 있고, 훨씬 더 많이 가질 수 있는데 왜 많은 사람이 그토록 작은 것에 안주하는 것일까? 왜 많은 사람이 지금까지 하던 대로만 하려는 것일까? 인생이라는 컵에 '반이나 차 있다'라고 생각하는 것이 아니라, '반이나 비었다'라고 생각하면서 인생 끝까지 브레이크에 발을 올려놓고 운전을 하려는 것일까?

이는 결코 사람들이 어리석거나 불운해서 혹은 재능이 없어서가 아니다. 단지 자신의 가치를 높이고 인생을 개선하는 방법을 알지 못하기 때문이다. 만약 보다 많은 사람이 자기 가치를 높이는 방법을 진심으로 이해한다면, 즉 자신을 탁월함으로 이끌 원칙을 이해한다면 마술 같은 변화를 맞이할 것이다.

보편적 진리에 기초한 1인 기업

언뜻 10가지 기본 원칙은 기업 세계와 관련이 없어 보이지만, 실은 모든 성공적인 기업이 이 원칙을 채택하고 있다. 모든 성공적인 사업의 출발점은 '꿈'이다. 그리고 기업의 이미지를 만들어내는 것은 '자세'다. 성공을 준비하는 기업은 연구개발에 투자하고 직원들을 훈련시킨다. 또한 기업은 신제품과 새로운 마케팅 전략으로 변화에 대응한다.

'1인 기업' 프로그램은 개인이나《포춘 Fortune》이 선정한 500대 기업 모두에게 똑같이 적용되는 보편적 진리에 기초한다. 다시 말해 1인 기업의 10가지 원칙은 인생에 끌려가는 것이 아니라 인생을 이끌도록 도움을 준다.

자기 자신 정복하기

최초로 에베레스트 정상을 정복한 에드먼드 힐러리 경은 자기계발의 중요성을 누구보다 잘 알고 있었다. 그는 이렇게 말했다.

"우리가 정복해야 하는 것은 산이 아니라 우리 자신이다."

자기 자신을 정복하는 것은 매우 어려운 일이지만, 아무리 힘들어도 혹은 큰 희생이 따르더라도 자신을 정복하는 데 쏟는 노력에는 엄청난 가치가 있다. 항상 이 사실을 기억하기 바란다. 평범한 인생을 선택했을 때 지불하는 대가는 성공·번영·행복을 즐기기 위해 지불하는 대가보다 훨씬 크다! 이 책에는 여러분의 인생을 극적으로 변화시킬 힘이 있는 정보가 담겨 있다!

선택은 여러분에게 달린 문제다. 한 가지 확실한 것은 여러분이 이 원칙을 이해하고 일상생활에서 실천할 경우, 여러분의 가치가 낡은 바이올린의 가치처럼 높이 솟구친다는 점이다! 나는 이것을 확실히 보장한다.

원칙 1

책임을 진다

원칙 1 | 책임을 진다

오늘의 책임은 피할지언정
 내일이 오는 것은 피할 수 없다.
- 에이브러햄 링컨, 미국 16대 대통령 -

어느 날 나는 전혀 다른 시각으로 쓴 두 개의 신문기사를 보며 가슴이 따뜻해지는 한편 피가 끓을 정도로 화가 났다.

왜 그랬을까? 첫 번째 기사는 어느 칼럼니스트가 쓴 것으로 그녀는 어차피 새해 결심은 오래가지 않으니 아예 결심하지 않는 편을 택하겠다고 했다.

"새해가 되면 우리는 담배를 끊겠다는 등 여러 가지 약속을 한다. 그런 다음 약속을 지키지 못해 죄의식을 느낀다. 공연히 죄의식에 사로잡힐 것을 알면서 지키지도 못할 결심을 무엇 하러 한단 말인가!"

그녀가 제시한 해결책은 간단하다.

"그 모든 것을 피하는 간단한 해결책이 있다. 죄의식을 느끼지 않도록 아예 결심하지 않으면 된다."

그녀는 담배를 끊지 못해 늘 넋두리를 하는 중년의 칼럼니스트로 체중 조절에도 실패한 듯했다.

건강관리를 위한 운동

다른 기사는 켄 쿠퍼의 이야기다. 고교시절 잘나가는 수상스키 선수였던 쿠퍼는 의과대학에 진학했다. 늘 바쁜 일과에 쫓겨 운동할 짬을 내지 못하고 올바른 식생활도 곤란해지면서 74킬로그램이던 체중이 90킬로그램 이상으로 늘어났다.

스물아홉 살이 되었을 때 그는 고교시절의 경력을 배경으로 어느 수상스키 대회에 초대를 받았다. 몸이 많이 불어나긴 했지만 10년 전으로 돌아갈 수 있을 거라고 여긴 그는 고교시절처럼 회전코스를 공략했다. 그러나 운동부족으로 부풀고 약해진 몸은 생각대로 움직여주지 않았다. 젖 먹던 힘을 다해 간신히 해변으로 돌아온 그는 맥없이 쓰러졌다. 속이 메스껍고 심장이 1분에 250회나 고동치면서 그는 두려움을 느꼈다.

"그땐 정말 무서웠다. 죽을 것만 같았다."

이후 그는 달리기를 시작하는 한편 식습관에도 주의를 기울였다. 6개월 후 그의 체중은 13킬로그램이나 줄였고 혈압도 정상으로 돌아왔다. 그로부터 13년이 지난 지금 쿠퍼는 체중 74킬로그램에 20대 청년보다 더 훌륭한 체격을 유지하고 있다.

그는 바로 '에어로빅'이라는 말을 처음 만들어낸 사람이자 60년대 초에 건강관리 붐을 일으킨 쿠퍼 박사다. 건강관리에 관해 수많은 저서를 펴낸 쿠퍼의 철학은 다음과 같이 요약할 수 있다.

'삶의 과제는 재능을 최대한 발휘하고 몸을 비롯해 신이 주신 모든 것을 잘 관리하는 일이다.'

내 인생 책임지기

여러분도 켄 쿠퍼처럼 중년기에도 청년의 체력을 유지하고 싶은가, 아니면 담배를 끊지 못하는 칼럼니스트처럼 체중 조절에 실패하고 싶은가?

두 사람은 '책임'이라는 개념에 정반대의 접근방식을 보였다. 한 사람은 자신의 건강을 책임졌고, 다른 한 사람은 핑계를 찾는 쉬운 길을 택했다.

나 역시 한때는 몸이 허약하고 체중이 많이 나갔으나 다행히 내 인생을 책임지겠다는 선택을 했다. 내 인생에 필요한 변화를 받아들이지 않고 어설픈 변명을 늘어놓고 싶지 않았기 때문이다. 나는 변명하지 않았고 맥도날드는 왜 고지방 햄버거와 감자튀김을 만들었느냐고 비난하지도 않았다. 멋진 모델이 담배를 광고하며 유혹한다고 불평하지도 않았다.

나는 내 인생을 책임지기로 했고 그때부터 올바른 길로 들어섰다.

책임의 의미

책임이란 무엇일까? 인생에서 그것이 중요한 이유는 무엇일까? 사전에서는 책임을 '채무나 의무를 기꺼이 인정하는 것'으로 정의한다. 그러나 그보다 더 훌륭한 정의는 해리 트루먼 대통령이 한 말이다.

"내 탓이오!"

물론 트루먼의 이 말은 늘 다른 사람을 비난하며 책임을 전가하는 미국의 국회의원들을 두고 한 말이었다. 그는 누구나 자신의 현재와 미래 모습을 책임져야 하고 그것은 자기 자신도 마찬가지라고 생각했다. 덕분에 그는 끝까지 책임지는 일을 두려워하지 않았으며 사람들에게 '훌륭하다'는 찬사를 받았다.

나는 앞서 말한 칼럼니스트의 입장을 이해하긴 해도 그녀의 의견에 동의하지는 않는다. 그녀는 책임을 외면하고 쉬운 길을 택했다. 책임지기보다 그것을 회피하는 게 훨씬 더 쉽기 때문이다. 당당하게 "내 탓이오!"라고 선언하기보다 책임을 전가하는 편이 훨씬 쉬운 법이다.

"제 잘못이 아니에요"

내게는 아들 셋과 딸 하나가 있는데 올망졸망 자라는 내 아이들에게는 한 가지 공통점이 있다. 그것은 누구라도 말썽을 부린 뒤 똑같은 대답을 한다는 것이다.

"제 잘못이 아니에요, 아빠."

고만고만한 아이들 넷이 있는 집에서는 항상 문제가 들끓게 마련이다. 장난감이 비바람 속에 버려져 있거나 도시락을 빼놓고 학교에 가기도 하고, 내일 제출할 숙제를 깜박 잊고 그냥 책상 속에 두고 오기도 한다.

아이들이 책임 회피를 하는 것은 이해할 수 있지만 그렇다고 그대로 용서할 수는 없는 노릇이다. 여러분 역시 어린 시절에 문제를 일으키고 나서 형이나 동생 혹은 어떤 사물을 원망하며 책임을 회피했던 적이 있을 것이다.

그러나 살다 보면 더 이상 '그건 내 잘못이 아니다'라는 말이 받아들여지지 않는 순간이 온다. 그땐 당당하게 '내 탓이오'라고 해야 한다. 내 잘못이 아니라며 책임을 회피하면 성장 정지 상태에 묶이고 만다. '할 수 있다'는 태도로 앞에 놓인 도전을 받아들여야 성장할 수 있다.

무책임한 사람들

마땅히 있어야 할 곳에 있지 않고, 당연히 해야 할 일을 하지 않으면서 책임을 회피하려는 사람은 꽤 많다. 어쩌다 10대 청소년이 새벽에 자동차를 훔치다가 체포되었다는 뉴스를 들으면 나는 몹시 화가 난다. 맨 처음 떠오르는 생각은 '대체 부모는 뭘 하고 있었나?'다. 그야말로 무책임한 부모가 아닌가. 그처럼 무책임한 부모는 흔히 이런 행동을 한다.

학교를 비난한다.
사회제도를 비난한다.
자녀의 친구를 비난한다.
심지어, 직무에 충실한 경찰관까지 비난한다.
한마디로 가장 비난을 받아 마땅한 자기 자신을 제외한 모든 사람을 비난한다!
음주운전에다 신호등까지 지키지 않아 무고한 사람들을 희생시키는 사람은 또 어떠한가? 그토록 엄청난 일을 저질러놓고 그들이 어떻게 하는 줄 아는가? 물론 미국의 얘기겠지만 그들은 술집 주인이 술을 너무 많이 팔았다며 소송을 건다! 35년 동안 하루 두 갑씩 담배를 피우고는 폐암에 걸리자마자 기다렸다는 듯 담배 회사를 고소하는 골초는 어떤가?

말썽은 자신이 부리고 책임은 남에게 덮어씌우는 것은 얼마나 말도 안 되는 일인가!

무책임이 주는 이득

아이러니하게도 그토록 우스꽝스러운 소송에서 종종 무책임한 사람이 이긴다. 이건 그야말로 비극적인 현실이다!

책임을 회피하는 것으로도 부족해 자기 잘못을 이용해 돈을 벌다니 말이 되는가.

뉴저지에서 열여덟 살 청소년이 잡화점 주인을 살해한 사건으로 교도소에 들어갔다. 교도소 5층에서 재판을 기다리던 그 청소년과 네 명의 미결수는 함께 도망치기로 모의하고, 창문에 구멍을 뚫은 다음 침대 시트로 만든 밧줄을 타고 내려갔다. 그런데 탈출 도중 살인범 청소년이 균형을 잃고 떨어져 죽고 말았다. 그때 그 부모가 어떻게 행동했는지 아는가?

교도소에서 합당한 안전시설을 확보하지 않았다는 이유로 시 당국을 상대로 소송을 걸었다. 자기 자식이 사람을 죽였다는 사실을 알면서 어찌 그리 뻔뻔할 수 있단 말인가. 자식의 사고사를 놓고 재판을 벌일 게 아니라 아들이 저지른 살인행위를 먼저 반성해야 하지 않을까? 어떻게 자기 책임은 외면하고 다른 사람의 잘못은 그토록 비난한단 말인가.

미국에서는 전국적으로 자그마치 1년에 200만 건의 소송이 벌어진다. 그중 상당수가 폐암에 걸린 흡연자가 담배 회사를 상대로 소송을 제기하는 것처럼 자신의 무책임하고 부주의한 행동을 남에게 전가하려는 사람들이 제기한 것이다.

참으로 슬픈 현실이다.

문제는 모든 책임을 다른 사람에게 전가하면 '당신이라는 1인 기업'의 일, 건강, 재정상태, 인간관계가 나빠진다는 사실이다. 누구든 '남이라는 1인 기업'을 비난하면 '당신이라는 1인 기업'은 발전하지 못한다. '당신이라는 1인 기업'이 성장 및 발전하려면 자기 인생을 스스로 책임져야 한다.

스스로 움직인다

한 번은 내 친구 몇 명이 동네에 쓰레기가 넘친다는 사실에 분노해 시 당국에 비난 편지 보내기 캠페인을 벌였다. 이런 행동으로 문제가 해결될까? 절대로 그렇지 않다. 실제로 그들은 여전히 쓰레기 더미 속에서 살고 있다.

비난 편지 보내기 캠페인을 벌이는 대신 쓰레기 줍기 운동을 하는 편이 더 낫지 않았을까? 각자의 책임을 인정하고 쓰레기를 줍는 것이 동네를 보다 깨끗하게 만드는 일이 아닐까? 쓰레기를 주울 책임은 시 당국이 아니라 그 동네에 사는 사람들에게 있다. 마찬가지로 여러분 인생을 정화할 책임은 여러분에게 있다.

책임에 따른 보상

만약 모든 사람이 자신의 식생활과 운동을 책임진다면, 비만인 중 3분의 1은 날씬해질 것이다.

만약 모든 사람이 자신의 수입증대와 노후생활을 책임진다면, 대다수는 자기 생계를 타인이나 정부기관에 의존하지 않아도 될 것이다.

만약 모든 사람이 아이의 양육을 충분히 책임진다면, 청소년 범죄는 눈에 띄게 줄어들 것이다.

한때 폭스바겐은 TV에 이런 광고 카피를 내보냈다.

"사람은 두 종류로 나뉜다. 하나는 승객이고 다른 하나는 운전기사다."

  책임지는 사람은 인생의 운전기사고 책임지지 않는 사람은 승객이다. 운전기사는 자기 인생을 통제하고 열정적으로 즐기며 책임을 지면서 성취감을 느낀다. 반면 승객은 그저 세상을 관객처럼 지켜보며 운전기사에게 말참견만 한다.

  인생을 책임지는 사람은 세상일에 적극 참여해 성취감과 행복감을 느낀다. 우리는 책임지는 사람과 막연히 원하기만 하는 사람으로 성공자와 실패자를 가려낼 수 있다.

  다른 사람이 이마에 총을 갖다 대고 협박을 해서 담배를 피우기 시작한 사람이 있을까? 다른 사람이 여러분을 대신해 담배를 끊어줄 수 있는가? 다른 사람이 여러분을 대신해 체중을 줄여줄 수 있는가? 다른 사람이 여러분을 대신해 직업교육을 받을 수 있는가? 다른 사람이 여러분을 대신해 이 책을 읽을 수 있는가? 당연히 아닐것이다! 오로지 여러분만 할 수 있다.

  여러분만 '당신이라는 1인 기업'의 성공과 실패, 발전과 퇴보에 대한 책임이 있다. 여러분에게는 꿈을 갖고 스스로를 믿으며 목표를 세울 책임이 있다. 또한 자세를 개선할 책임, 나쁜 습관을 좋은 습관으로 바꿀 책임, 성공을 위해 준비할 책임, 감정을 통제할 책임, 시간을 관리할 책임이 있다.

1인 기업에 대한 책임

여러분은 제품의 품질을 책임지지 않는 회사, 주문받은 물건을 제대로 배달하지 못하는 회사에서 일하고 싶은가? 여러분은 깜박 잊고 중요한 회의에 참석하지 않는 사장을 위해 일하고 싶은가? 여러분은 이윤을 많이 남기면서 월급을 제대로 지급하지 않는 회사에서 일하고 싶은가? 전혀 그렇지 않을 것이다. 그런 행동은 무책임하다.

마찬가지로 여러분이 책임을 회피한다면 사람들은 '당신이라는 1인 기업'을 어떻게 생각할까? 여러분이 깜박 잊고 중요한 회의에 참석하지 않는다면 사람들은 '당신이라는 1인 기업'을 어떻게 생각할까? 여러분이 늘 부정적이고 불평불만을 늘어놓는다면 사람들은 '당신이라는 1인 기업'을 어떻게 생각할까? 여러분이 스스로를 책임지지 못하면 여러분의 가치는 올라갈까, 아니면 내려갈까?

여러분의 인생에 가치를 부여할 수 있는 사람은 유일하게 여러분 자신뿐이다. 아마 여러분은 그 사실을 더 잘 알고 있을 것이다. 나는 요즘 많은 사람들이 일이 잘 풀리지 않아 힘들어한다는 것을 알고 있다. 여러분 역시 그들 중 하나일지도 모른다.

비난하지 않는다

만약 여러분이 빚에 몰려 집이나 차를 압류당한 상태라면 가라앉은 경제를 비난할 수도 있다.

만약 여러분이 박봉에 시달린다면 사장을 비난할 수도 있다.

만약 여러분이 구조조정으로 해고당했다면 회사를 비난할 수도 있다.

그런데 만약 여러분이 이런 행동을 한다면 '비난의 덫'에 걸린 셈이다. 누군가를 비난해서 여러분의 잘못을 정당화하면 더러 동정을 받을 수도 있겠지만, 그것으로 달라지는 것은 아무것도 없다. 아무리 비난을 해도 현실은 달라지지 않는다. 여러분 자신이 달라져야 인생이 달라진다.

인생을 180도로 바꾸기

중산층 가정에서 태어난 팀 알렌은 다섯 형제와 행복하게 살다가 열한 살 때 아버지가 사망하는 불운을 겪었다. 그는 어려운 가정환경에서도 애써 대학까지 졸업하고 사회에 첫발을 내딛었다. 하지만 그는 어리석게도 일확천금의 유혹에 빠져 코카인 판매에 손을 댔다가 체포되어 8년형을 언도받았다.

교도소에 있는 동안 자신의 잘못을 깨달은 팀은 비탄에 잠겨 사회를 원망하는 대신 자신을 위한 일을 찾아냈다. 오랜 시간이 지난 뒤 팀은 말했다.

"그 시절에 제 내면에는 울분이 가득했습니다. 어느 순간 그 분노를 다른 사람이 아닌 저 자신에게로 돌려야 한다는 것을 깨달았지요. 실은 제가 제 자신을 구렁텅이에 빠뜨린 것이었습니다."

그는 책을 읽고 글을 쓰면서 거듭나기 위해 노력했다. 특히 성격이 밝았던 그는 교도소 내에서 쇼를 기획하고 사회자 역할을 맡아 신선한 농담이나 코미디를 연출하기도 했다. 그 경험을 바탕으로 그는 출소하자마자 몇몇 클럽에서 코미디 역할을 완벽하게 소화해냈다. 그의 공연은 디즈니사의 관심을 끌었고 마침내 그는 TV 코미디 시리즈의 주역으로 떠올랐다. 결국 그는 출소한 지 10년 만에 방송업계에서 알아주는 명사로 거듭났다.

수입은 가치 상승과 비례한다

팀 알렌이 자기 잘못을 책임지지 않았어도 슈퍼스타로 성공할 수 있었을까? 그렇지 않다. 팀이 교도소에서 생활하는 동안 그는 가족, 친구, 사회에 어떤 가치가 있었을까? 솔직히 거의 없었다. 그렇지만 그는 책임지는 원칙을 이해하고 이를 실천함으로써 자신의 가치를 극적으로 높였다.

'책임을 진다'는 원칙 1에 숨은 힘을 이해하는 것은 매우 중요하다. 원칙 1만 실천해도 당신이라는 1인 기업에 엄청난 가치가 더해지기 때문이다. 팀 알렌이 처음 출연한 영화에서 주인공으로 활약해 벌어들인 돈이 얼마인지 아는가? 무려 1천만 달러의 출연료에다 총수입의 몇 퍼센트를 인센티브로 받기로 했다. 꽤 괜찮은 수입이 아닌가?

현재와 미래를 책임지는 것이 여러분의 가치를 얼마나 높여주는지 이제 알겠는가? 이것이 평범한 삶과 비범한 삶의 차이다. 나는 특히 사회적으로 영향력 있는 사람들이 책임지려 하지 않는 태도를 보면 화가 난다. 아이의 양육을 회피하는 부모의 이야기를 들으면 머리끝까지 화가 난다. 그들의 행동은 다른 사람뿐 아니라 자기 자신까지도 괴롭힐 것이다.

무책임은 모두에게 악영향을 준다

나는 자신만의 즐거움을 위해 자식을 포기하는 사람을 보면 속이 상하다 못해 분노가 치민다. 그것은 아이의 인생을 파괴하는 행동이자 자신이 누려야 할 커다란 즐거움을 놓치는 일이기도 하다. 아이를 사랑하고 또 아이가 어른으로 성장해가는 과정을 지켜

보는 즐거움을 잃는 것이다.

아이가 하루 종일 TV 앞에만 있게 하는 부모는 아이들 뒤치다꺼리에서는 벗어날 수 있겠지만, 인생에서 아주 중요한 것을 놓치고 만다.

무책임한 부모는 아이의 장래에 영향을 미칠 기회를 잃는다. 무책임한 부모는 아이를 올바른 길로 인도할 기회를 놓친다. 무책임한 부모는 아이들과 평생 이어질 친밀감을 쌓을 기회를 잃는다.

책임은 곧 즐거움이다

아일랜드 태생의 영국 극작가 조지 버나드 쇼는 이렇게 말했다.

"자유는 책임을 의미한다. 많은 사람이 자유를 두려워하는 이유가 바로 여기에 있다."

이 말은 책임지지 않으면 아무것도 진정으로 성취할 수 없으므로 책임을 두려워하기보다 오히려 추구해야 한다는 것을 꼬집은 것이다.

여러분이 커다란 만족감을 느꼈던 일을 떠올려보라.

책임을 받아들여 체중을 7킬로그램 뺐을 때 얼마나 기뻤는가?

책임을 받아들여 형편이 어려운 친구를 도왔을 때 자신이 얼마나 자랑스러웠는가?

처음으로 집을 샀을 때, 새해 결심을 실천했을 때 자신이 얼마나 대견했는가?

이 모든 성취는 깊은 만족감을 주고 커다란 성취감과 가치를 느끼게 해준다. 그럼 여기서 몇 가지 질문을 하겠다.

여러분에게 더 큰 만족을 주는 것은 무엇인가? 주어진 일을 제때 해내는 것인가, 아니면 일을 뒤로 미루는 것인가? 당신이라는 '1인 기업'에 주어진 책임을 받아들여 성공할 것인가, 아니면 남이라는 '1인 기업'을 비난하는 평범함에 파묻힐 것인가? 책임지고 끝까지 지켜내는 사람은 어떤 선택이 더 큰 만족감을 주는지 잘 알고 있다.

책임진다는 것

인생이 제공하는 보상을 얻고 싶다면 기꺼이 책임을 져야 한다. 나는 담배를 끊겠다고 결심한 순간 그 보상을 받았다. 담배를 끊은 뒤 담배를 피울 때 느끼던 순간적인 만족보다 훨씬 크고 가치 있는 만족을 느꼈던 것이다.

미국의 소설가 메리 맥카시는 "인생은 스스로를 찾는 것이 아니라, 스스로를 창조하는 것이다"라고 말했다. 얼마나 훌륭한 지적인가? 지금까지 살아온 과거의 삶은 직접 통제할 수 없다. 반면 지금부터 스스로 창조할 수 있는 미래 인생은 다르다. 여러분이 해야 할 것은 자기 자신을 책임져 스스로를 창조하는 일이다.

여러분은 이렇게 말해야 한다.

"나는 오늘부터 현재의 나와 미래의 나를 전적으로 책임질 것이다."

축하한다. 여러분은 조금 전까지의 여러분보다 더 자신의 가치를 높이겠다고 결심했다. 이제 원칙 2를 살펴보면서 그 결심을 더욱더 다져 나가길 바란다.

원칙 2
꿈을 꾸고
그것을 추구한다

| 원칙 2 | 꿈을 꾸고 그것을 추구한다 |

미래는 꿈의 가능성을 믿는
사람들의 것이다.
- 엘리너 루스벨트, 사회운동가이자 프랭클린 루스벨트 대통령의 부인 -

우리가 꿈을 '비현실적 기대'에 비유하는 것은 잘못된 것이다. 꿈은 결코 몽상이나 백일몽이 아니다. 거대한 피라미드를 짓겠다는 고대 이집트인의 꿈부터 멋진 집을 짓겠다는 여러분의 꿈에 이르기까지 꿈은 현실적인 인간의 노력을 고무하는 마음속 그림이다. 언젠가 나폴레온 힐은 이런 말을 했다.

"지상의 모든 성취와 부는 아이디어나 꿈에서부터 시작되었다."

꿈은 무한한 잠재력으로 우리를 끌어올려준다. 꿈은 역경을 헤쳐 나가도록 끌어준다. 꿈은 목표에 초점을 두고 삶을 열정과 활력으로 채우게 한다. 꿈은 자신의 역량을 높이고 비판과 부정적인 생각을 하지 않도록 보호해준다.

무엇보다 꿈은 '최고의 성취는 늘 가장 커다란 꿈에서 시작된다'는 사실을 떠올리게 한다. 같은 맥락에서 나폴레온 힐은 보다 심오한 말을 들려주고 있다.

"여러분은 머리로 생각하는 것, 가슴으로 믿는 것은 무엇이든 이룰 수 있다."

정상을 꿈꾸는 것

20대 중반의 루 홀츠는 어느 날 아침 출근했다가 청천벽력 같은 말을 들었다. 사전 예고도 없이 해고를 당했던 것이다. 자존심이 강한 루는 직장을 잃고 나서 깊은 상처를 받았고 세상을 원망하며 며칠 동안 집에 틀어박혀 있었다.

그러다가 어느 순간 자기연민은 해결책이 아니라는 사실을 깨달았다. 루는 앞으로 무엇을 해야 할지 궁리하기 시작했다. 일단 종이를 한 장 꺼내 앞으로 달성하고 싶은 꿈을 하나하나 적어 내려갔다. 이윽고 그가 고개를 들었을 때 종이에는 107개의 꿈이 적혀 있었다.

그의 꿈은 스카이다이빙 같은 취미생활부터 백악관 만찬에 초대받기처럼 고상한 것까지 매우 다양했다. 그중에는 네 아이를 모두 대학에 보내는 것도 있었고, 너무 거대해서 도저히 이룰 수 없을 듯한 꿈도 있었다.

가능성을 꿈꿔라

꿈의 목록을 작성하는 동안, 루는 좀 더 현실적으로 꿈꿔야 한다는 걱정은 하지 않았다. 자신이 할 수 없을 거라는 생각도 아예 하지 않다. 한계 따위는 처음부터 인정하지 않고 오로지 할 수 있는 일에만 집중했다.

결국 루는 과감한 꿈 덕분에 인생의 전환을 이뤄냈고, 그가 선택한 직업 역사상 가장 성공적인 사람으로 자리매김했다. 루의 꿈 중 하나는 노트르담 축구팀의 감독이 되어 팀을 최우수 팀으로 육성하는 것이었다. 루 홀츠는 1988년 노트르담 축구팀을 맡아 최우수 팀으로 이끌었다! 그 밖에도 루는 107개의 꿈 중에서 93개의 꿈을 이뤄냈다.

루의 성취는 꿈에는 인생을 바꿀 만큼 엄청난 힘이 있다는 사실을 보여주는 대표적인 사례다.

꿈을 현실화하는 법

꿈을 현실로 바꾸려면 세 단계가 필요하다.

· 1단계 : 꿈을 생각한다.
· 2단계 : 꿈을 구체화한다.
· 3단계 : 꿈을 계획한다.

이 단계가 어떻게 작용하는지 명확히 이해하기 위해 부동산 개발업자들이 사용하는 방법을 살펴보자.

첫째, 부동산 개발업자는 미개발지를 방문해 그 땅을 신축주택 부지로 바꾸려면 무엇이 필요한지 연구한다. 둘째, 집과 거리, 녹지공간을 어떻게 배치할지 상상하면서 자신의 꿈을 마음속으로 구체화한다. 셋째, 부지계획을 도면으로 작성하고 목표를 설정한다. 이때 부동산 개발업자가 각각의 단계에 충실할수록 만족스러운 결과가 나올 확률이 높다.

'당신이라는 1인 기업'도 마찬가지다. 여러분이 꿈을 잘 구체화하고 계획할수록 꿈을 실현할 가능성이 커진다. 모든 성공적인 기업은 이 단계를 거친다. 《포춘 Fortune》 선정 500대 기업 역시 커다란 꿈으로 시작했고 그 꿈을 비전으로 구체화했으며, 장단기 목표를 세워 노력함으로써 비전을 현실화했다.

꿈과 환상의 차이

각 단계를 알아보기 전에 환상과 꿈의 정의를 살펴보고 각각의 차이를 짚어보자.

먼저 환상은 '이룰 수 없는 몽상'으로 정의할 수 있다. 우리가 어린 시절에 꿈꾼 슈퍼맨이나 공상과학 영화의 주인공이 되는 꿈이 대표적인 환상이다. 물론 어른들도 가끔은 현실에서 도피하고 싶은 마음에 환상 속에 빠져든다. 어른들이 꾸는 대표적인 환상은 복권에 당첨되는 것이다.

놀랍게도 세상물정에 밝은 어른들조차 어렵게 번 돈을 복권에 쏟아 붓는다. 혹시 복권에 당첨될 확률보다 벼락에 맞을 확률이 더 높다는 것을 알고 있는가. 그토록 많은 사람이 자신의 꿈을 묻어둔 채 복권 당첨이라는 환상에 매달리는 것은 비극이다.

환상과 달리 꿈은 실현이 가능하다! 꿈은 '궁극적 성취에 대한 청사진'으로 정의할 수 있다. 꿈을 꿀 때 우리는 마음속으로 인생에서 성취하려는 것을 그려본다. 물론 꿈도 전구 발명이나 사람을 달에 보내는 것처럼 현실과 거리가 멀어 환상으로 보일 수도 있다. 꿈을 구체화해서 실현하지 않으면 그것은 환상일 뿐이다!

꿈은 이룰 수 있지만 환상은 이룰 수 없다. 오래전 내가 플로리다에서 직장생활을 할 때 일을 마치고 집으로 돌아오면 찬물로 샤워를 했다. 당시 나는 크고 아름다운 집을 꿈꾸며 낡은 원룸에 살고 있었다. 나는 낡아빠진 중고차 대신 새 차를 갖고 싶었고, 빚에서 벗어나 통장에 넉넉히 돈이 들어 있는 꿈을 꾸었다. 내 사업을 하면서 시간을 마음대로 사용하는 꿈도 꾸었다. 그렇지만 나는 내 친구들처럼 복권 당첨이라는 환상을 품지 않았다. 대신 꿈을 실현할 현실적인 방법을 꿈꾸고 구체화했다.

다행히 나는 10년 전의 꿈을 모두 현실화했다. 그럼 이제 나는 더 이상 추구할 꿈이 없을까? 꿈을 이루었으니 이제 꿈을 꾸지 않아도 좋을까? 그렇지 않다. 꿈을 꾸는 것은 지속적인 과정이자 여행이지 목적지가 아니다.

나는 지금 또 다른 꿈을 꾼다. 10년 후면 나는 그 꿈을 거의 다 실현하고 또다시 그다음 10년을 위한 새로운 꿈을 꿀 것이다.

1단계 : 꿈을 생각한다

'꿈을 생각한다'는 것은 루 홀츠처럼 조용히 앉아 인생에서 달성하고 싶은 모든 것을 진지하게 기록하라는 얘기다.

만약 루 홀츠가 107개의 꿈을 기록하지 않았다면 그 모든 꿈을 기억했을까? 아마 아닐 것이다. 여러분의 생각을 가로막지 말고 떠오르는 대로 꿈을 진솔하게 기록하라.

여러분이 꿈을 떠올리려 애써도 자꾸만 현실적인 벽에 가로막힌다면 '만약에 ~한다면'하는 식으로 생각해보라. 그러면 상상이 꼬리에 꼬리를 물고 일어날 것이다.

여러분 자신에게 물어보라.

"만약 내가 직장을 선택할 수 있다면 어떻게 될까? 만약 돈과 시간에 구애받지 않는다면 여생을 어떻게 보낼까?"

'만약'을 생각해보는 것은 여러분의 꿈을 더 빠르고 강하게 흘러가도록 해준다.

2단계 : 꿈을 구체화한다

'꿈을 구체화하는 것'은 막연하게 원하던 것이 마음속에 선명하게 그려질 때까지 초점을 맞추는 일이다. 즉, 꿈을 비전으로 다듬는 것이다. 영국의 소설가 조너선 스위프트는 비전을 이렇게 정의한다.

"비전이란 다른 사람이 못 보는 것을 보는 기술이다."

비전은 매우 선명해 어떤 것도 그 성취를 가로막지 못하고, 누구도 그것을 빼앗을 수 없는 꿈이다. 특히 비전은 초점이 뚜렷해서 가고자 하는 곳이 보이고 그것이 느껴지며 그 주변까지 가볼 수 있다. 만약 여러분에게 비전이 있을 경우 모든 것이 '만약 꿈이 이뤄진다면'이 아니라, '언제 꿈이 이뤄질 것인가'로 귀결된다.

천만 달러짜리 비전

영화 〈마스크〉와 〈배트맨 포에버〉에서 주연을 맡은 짐 캐리는 무명시절부터 스타가 되어 부자가 되는 꿈을 꾸었다.

그는 자신의 꿈을 종이에 기록했고 그 꿈을 비전으로 구체화했다. 아예 1995년 추수감사절 무렵까지 천만 달러를 모으겠다고 구체적인 날짜까지 못박아두었다. 이것이 바로 '과감하게 꿈을 꾸는' 자세다. 놀랍게도 1995년 11월 말 캐리는 〈마스크 2〉의 주연 출연료로 천만 달러를 받았다. 이후로 그는 자신의 꿈을 넘어 엄청난 부를 축적했다.

월트 디즈니의 비전

모든 연령대 아이들을 위한 환상적인 놀이터를 만들겠다는 월트 디즈니의 생생한 비전은 3천만 평의 캘리포니아 농지를 세계 제일의 테마파크로 바꿔놓았다. 사실 그의 비전은 매우 강해 그가 사망한 이후까지 지속되었다. 플로리다의 올랜도에 있는 디즈니랜드에서는 월트 디즈니가 사망한 후에도 오랫동안 망치소리가 그치지 않았다. 마침내 디즈니랜드가 완공되고 기공식이 있던 날, 어느 기자가 월트의 조카 로이 디즈니에게 말했다.

"월트가 자신의 꿈이 실현되는 것을 못 보고 떠나서 유감이군요."

로이는 빙그레 웃으며 말했다.

"그렇지 않소. 디즈니랜드는 월트의 거대한 비전 중 일부에 지나지 않는다오. 아마 그는 이것이 완공된 모습을 누구보다 먼저 보았을 거요."

마음이 맞는 부부는 비전을 공유한다

100쌍의 성공적인 결혼 사례를 연구한 어느 결혼 상담사에 따르면 성공적인 결혼의 핵심요소 중 하나는 '비전 공유'라고 한다. 젊은 부부는 대부분 일차적으로 내 집 마련을 꿈꾼다. 그런데 몇 년 후 그 꿈을 이루면 치명적인 실수를 한다. 그들이 새로운 꿈을 꾸지 않는 것이다! 안타깝게도 함께 꿈꾸기를 멈춘 부부는 서로 멀어지기 시작한다. 그 상담사는 이렇게 말했다.

"성공적인 부부는 항상 비전을 공유하고 그것을 위해 함께 노력

합니다."

마찬가지로 '당신이라는 1인 기업'도 비전을 공유하는 것이 중요하다. 비전은 우리가 일관성 있게 달리도록 해주는 마음의 생생한 그림이기 때문이다. 비전을 공유하지 않으면 자신이 나아가는 방향을 알지 못해 목표에 초점을 맞추고 일관성 있게 전진할 수 없다. 이를 증명하듯 잠언에는 이런 말이 나온다.

"비전이 없으면 사람은 말라죽는다."

결국 꿈은 구체화해야 한다. 여러분의 꿈을 비전으로 구체화하지 않으면 꿈은 초점이나 목표를 잃고 마음속에서 정처 없이 떠돌고 만다. 그런 꿈은 있으나 마나다.

3단계 : 꿈을 계획한다

'꿈을 계획 한다'는 것은 여러분이 진지하게 꿈에 접근하고 있음을 의미한다. 즉, 여러분이 꿈을 이루기 위해 실천하기로 결심했다는 것을 뜻한다.

만약 누군가가 새로운 사업을 시작하기 위해 대출을 받으려고 하면 은행 직원은 묻는다.

"당신의 사업계획서를 보여주시겠습니까?"

확실한 사업계획이 없는 신규 사업은 성공하기 어렵다.

어디로 갈지, 어떻게 갈지 계획하지 않고 신규 사업을 시작하면 결국 실패하기 쉽기 때문이다. 이것은 당연한 일이다.

요기 베라의 말처럼 "어디로 가는지 모르면 결코 도달할 수 없다."

꿈을 계획하는 3요소

첫째, 개인 사명선언서를 기록한다.
둘째, 꿈을 이루기 위한 목표를 세분화한다.
셋째, 매일 해야 할 일의 목록을 작성한다.
그러면 사명선언서를 기록하는 일부터 그다음 과정을 차례로 살펴보자.

개인 사명선언서 기록

사명선언서란 인생 목표를 기록한 글을 말한다. 이것은 좌우명처럼 한 줄이나 두세 단락으로 표현할 수 있다. 분량에 상관없이 사명선언서는 실현 가능성이 크지 않은 성취 욕구 수준으로 작성해야 사람을 고무하는 힘을 발휘한다.

역사상 가장 강력한 사명선언서는 아주 짧은 글로 겨우 세 단어에 불과하다. 한데 그 세 단어는 《포춘 Fortune》 선정 500대 기업 중 하나를 10년 동안의 슬럼프에서 벗어나게 해주었다. 그 단어는 '라이크 어 록(Like A Rock, 바위처럼)'으로 이는 GM의 이미지를 바꾸고 직원들에게 자부심을 불어넣어 제품 개선 효과를 냈다. 셰비(Chevy) 트럭 경영자 커트 리터는 다음과 같이 말했다.

"'바위처럼'은 우리 부서의 마음을 사로잡았다. 그것은 트럭 생산방식이자 회사 운영방식이다."

사명선언서는 자신이 누구인지, 무엇을 해야 하는지 떠올리게 해준다. 결국 명확히 정의한 사명선언서가 없으면 돛대 없는 배처럼 망망대해를 방황하게 된다.

내 사명선언서

내 사명선언서는 이렇다.

> "내 평생의 임무는 신과 가족과 친구들과의 관계를 돈독히 하고, 내가 받은 것보다 더 많은 것을 돌려주기 위해 신이 주신 내 재능을 날마다 활용하는 것이다."

나는 이 사명선언서를 인생의 여러 가지 면에 적용한다. 사명선언서는 내 인생에서 진정 중요한 것이 무엇인지 일깨워줌으로써 거기에 초점을 맞추게 해주었다. 예를 들어 내 친구들은 함께 식사한 후 번번이 내가 음식 값을 낼 때마다 지나치게 희생적이라고 말했다. 하지만 나는 그것이 내가 되돌려주는 하나의 방법이며, 가는 것이 있으면 오는 것도 있다고 믿는다.

당신이라는 1인 기업의 사명선언서를 만드는 가장 좋은 방법은 여러분 자신에게 물어보는 것이다.

"내 인생의 목표는 무엇인가?"

이 질문에 대한 대답이 사명선언서의 기초다. 여러분은 사명선언서가 없는 회사, 월간 혹은 연간 판매목표와 생산목표가 없는 회사, 신제품 개발목표가 없는 회사, 직원에게 복지혜택을 제공할 계획이 없는 회사에서 일하고 싶은가? 그렇지 않을 것이다. 반대로 기업이 사명선언서와 업무계획이 없고 특정 목표도 없는 사람을 채용하리라고 생각하는가? 여러분이 회사 경영자라면 그런 사람을 고용하고 싶겠는가? 당연히 아닐 것이다.

마찬가지로 '당신이라는 1인 기업'에게 꿈도 비전도 목표도 없다면 누가 여러분과 함께 일하고 싶겠는가?

목표 세분화

사람들이 목표를 기록하지 않는 이유는 그 목표에 도달하지 못할까 봐 두렵기 때문이다. 그들은 속으로 '만약 내가 목표를 기록했는데 그것을 달성하지 못하면 나는 실패한 꼴이되잖아'라고 생각한다. 이런 생각은 해내지 못할 바엔 아예 결심하지 않겠다고 말한 앞의 칼럼니스트와 다를 것이 없다.

이건 말도 안 되는 얘기다!

오직 여러분만 당신이라는 1인 기업을 책임질 수 있다. 이는 여러분이 여러분의 꿈을 책임져야 한다는 것을 의미한다. 여러분은 여러분의 비전을 책임져야 한다. 여러분에겐 여러분의 사명선언서를 기록할 책임이 있다. 여러분에게는 여러분의 목표를 기록할 책임이 있다.

여러분이 이 일을 하는 데 필요한 것은 볼펜, 종이 그리고 다음의 지침뿐이다.

목표를 기록하는 법

먼저 종이를 다섯 장 준비해 각각의 종이마다 맨 위에 '5F'라고 기록한다.

'5F'란 믿음(Faith), 가족(Family), 친구(Friends), 재정(Finances), 건강(Fitness)을 의미한다.

각 종이의 왼쪽에는 다음의 내용을 기록한다.

〈 장기목표 (3~5년) 〉

〈 단기목표 (6개월~1년) 〉

〈 당면목표 (30일) 〉

이제 여러분은 구체적이고 측정 가능하면서도 성취 날짜를 기록한 목표를 머릿속에 떠올리기만 하면 된다. 가령 여러분의 체중이 평균에서 18킬로그램을 초과한 상태라면 목표를 18킬로그램 감량 및 유지로 세울 수 있다. 그다음에는 목표를 장기, 단기, 당면 목표로 분류한다.

〈장기목표〉

나는 이상적인 체중으로 감량해 그것을 유지하겠다.

〈단기목표〉

앞으로 10개월간 18킬로그램을 감량할 계획이므로 한 달에 약 1.8킬로그램, 일주일에 0.45킬로그램을 감량한다.

<당면목표>
하루 섭취 칼로리를 2,000칼로리로 제한한다.
매일 아침식사 전 20분간 산책을 한다.

이제 꿈을 구체적이고 측정 가능하면서도 성취 날짜를 기록한 특정 목표로 분류하는 법을 알았는가?

매일 해야 할 일 목록 작성

꿈을 특정 목표로 분류했다면 그 목표는 다시 매일 해야 할 일 목록으로 분류해야 한다. 나는 매일 해야 할 일 목록이 얼마나 중요한지 알고 있기 때문에 목록 양식을 만들어 수천 장 인쇄해둔다. 그리고 그것을 매일 사용할 뿐 아니라 고객에게도 선물로 보내준다. 그것은 다른 어떤 사업도구보다 생산성이 뛰어난데, 굳이 효율성을 비유하자면 전화기 정도에 해당한다. 나는 전화기, 팩시밀리, 매일 해야 할 일 목록만 있으면 여러분이 어떤 일이든 해낼 수 있을 거라고 믿는다.

그러면 꿈을 구체화하고 계획하는 것이 당신이라는 1인 기업의 가치를 얼마나 극대화하는지 보여주는 사례를 살펴보자.

꿈을 이룬 어느 걸스카우트 소녀

마키타 앤드루와 그녀의 어머니는 늘 세계일주 여행을 꿈꾸었다. 그들은 종종 그 꿈을 이야기했고 웨이트리스로 일하는 마키타의 어머니는 이렇게 말했다.

"내가 열심히 일해서 대학에 보내주마. 그러면 너는 돈을 많이 벌어서 세계일주 여행에 나를 데려가주렴. 할 수 있겠지?"

열세 살이 되었을 무렵, 걸스카우트 잡지를 보던 마키타는 과자를 가장 잘 파는 소녀에게 세계일주 여행권을 두 장 준다는 기사를 읽었다. 마키타는 마음속으로 수많은 과자를 파는 자기 모습을 그려보았고, 그녀의 꿈은 비전으로 모양을 갖추었다. 마키타는 자신이 여행권을 타는 모습은 물론, 엄마와 함께 세계일주 여행을 떠나는 모습까지 그려보았다.

본능적으로 꿈을 이루려면 구체적인 계획이 필요하다는 것을 깨달은 그녀는 엄마와 엄마 친구들의 도움을 받아 구체적인 계획을 짜기 시작했다. 다음은 초기 계획의 일부다.

- 비즈니스 복장을 갖춘다. 즉, 판매할 때는 항상 걸스카우트 유니폼을 입는다.
- 금요일 밤에는 언제나 많은 양의 주문을 권한다.

· 항상 웃으며 친절하게 행동하고 '안 사요'라는 첫마디를 곧이
  곧대로 받아들이지 않는다.
· '사라'고 강요하지 말고 '투자'를 권유한다.

계획을 세운 마키타는 수업이 끝나면 옷을 갈아입고 사람들의 집을 방문하기 시작했다. 사람들이 문을 열면 마키타는 미소를 지으며 그들의 눈을 바라보면서 자신의 사명선언서를 이야기했다.

"안녕하세요. 저는 마키타 앤드루라고 합니다. 저에게는 꿈이 하나 있어요. 걸스카우트 과자를 많이 팔아서 엄마와 함께 세계일주 여행을 떠나는 거예요. 걸스카우트 과자 12상자나 24상자에 투자하지 않으시겠어요?"

디즈니 영화에까지 출연하다

마키타는 1년 동안 걸스카우트 과자를 3,526상자나 팔아 결국 세계일주 여행권을 따냈다. 이후에도 그녀는 몇 년간 과자를 4만 2,000상자나 팔았고 그녀의 이야기를 다룬 디즈니 영화에 주연으로 출연했다. 그와 함께 《과자, 콘도, 캐딜락, 컴퓨터, 그 밖에 무엇이든 잘 파는 방법》이라는 베스트셀러의 공동저자가 되었다.

마키타 앤드루는 꿈을 꾸고 그 꿈을 실현할 계획을 구체적으로

세움으로써 자신의 1인 기업 가치를 극적으로 높였다. 그렇다면 한 가지만 생각해보자.

열세 살짜리 걸스카우트 소녀가 엄마와 함께 세계일주 여행을 가겠다는 꿈을 이뤘다면, 여러분은 무슨 꿈에 도전해 그걸 이루겠는가?

여러분은 무엇이든 할 수 있다. 그렇지 않은가?

큰 꿈으로 인생의 영역을 확장하라

과감하게 큰 꿈을 꿔서 인생의 영역을 확장하라. 최악의 일이 벌어져봐야 여러분이 나무 꼭대기를 뛰어넘겠다는 목표를 세웠다가 목표에 못 미쳐 울타리를 뛰어넘는 정도에 지나지 않는다. 설령 그럴지라도 울타리를 뛰어넘는 데는 성공하지 않겠는가.

그 울타리 너머에는 누군가가 발견해주길 기다리는 무한한 기회가 있다. 누군가가 경험해주길 기다리는 무한한 모험의 세계가 있다. 그것을 믿어라. 여러분이 꿈을 꾸기만 한다면 그것은 여러분의 것이다!

원칙 3

믿음의 힘

원칙 3 | 믿음의 힘

무언가를 위해 죽는 것이
하는 일 없이 사는 것보다 낫다.

- 밥 존스, 유명한 설교자 -

아마 여러분은 믿음에 관한 헨리 포드의 유명한 말을 들어본 적이 있을 것이다.

"당신이 할 수 있다고 생각하든, 할 수 없다고 생각하든 당신이 생각하는 대로 된다!"

나는 이 말을 아주 좋아한다. 이 말이 믿음의 핵심을 잘 표현하고 있기 때문이다. 만약 여러분이 어떤 일을 잘할 수 있다고 생각한다면, 여러분은 잘할 수 있다. 반대로 여러분이 그 일을 해낼 수 없다고 생각한다면, 해낼 수 없다. 사람들은 대부분 자신의 재주가 아니라 믿음 덕분에 성공한다.

나는 흔들리지 않는 신념으로 자기 일에 몰두하는 사람을 보면 깊은 매력을 느낀다. 역사적으로 탁월한 능력자가 큰 뜻을 이루지 못한 경우는 많아도, 강한 자신감과 사명감을 보인 사람이 놀라운 공적을 이루지 않은 경우는 없었다.

다음의 네 명은 그 사실을 잘 보여주는 전설적인 인물이다.

빈센트 반 고흐

빈센트 반 고흐는 생전에 겨우 그림 두 점을, 그것도 자기 동생에게 팔았을 정도로 인정받지 못했다. 하지만 그는 예술적 기법이 유치하다는 동료 화가들의 원색적인 비난에도 불구하고 자신의 재능과 비전을 믿었다. 살아생전 공짜로도 처분하지 못한 그의 그림 수백 점은 오늘날 거의 10억 달러를 호가한다.

프레드 아스테어

프레드 아스테어가 배우로서 처음 테스트를 받을 때, MGM 스튜디오의 테스팅 감독은 그를 이렇게 평가했다.

"연기도 못하고 노래도 할 줄 모른다. 춤은 좀 출 줄 안다."

그렇지만 아스테어는 이후 수십 편의 고전적인 뮤지컬 영화에 주인공으로 출연했다. 그가 스스로를 믿고 꿈을 추구한 덕분에 우리는 좋은 작품들을 즐길 수 있었다.

마거릿 미첼

마거릿 미첼은 평생 단 한 권의 책을 출간했는데 그것은 바로 불후의 명작 《바람과 함께 사라지다》이다. 이 책은 영화로 만들어져 1939년 퓰리처상을 받았고, 역사상 가장 많은 관객을 동원한 영화로 남아 있다. 흥미롭게도 원고 상태의 '바람과 함께 사라지다'는 서른두 명의 출판업자에게 거절을 당했다. 수줍음이 많고 내성적인 미첼은 다행히 원고에 대한 믿음이 강했고, 서른두 명의 출판업자가 놓친 것을 알아본 한 출판업자를 만날 때까지 계속 문을 두드려 성공했다.

알베르트 아인슈타인

대기만성형 천재 알베르트 아인슈타인은 어린 시절 그의 선생이 그를 정신박약아로 생각할 정도였다. 아인슈타인은 네 살이 될 때까지 한마디도 하지 않았고 일곱 살이 되어서도 글을 읽지 못했다. 심지어 어떤 선생은 그를 두고 "정서적으로도 느리고 사회성도 없으며 바보 같은 꿈에 빠져 있다"라고 표현했다. 그 평가를 증명하기라도 하듯 그는 대학에서 퇴학당했고 다른 곳에서도 입학을 거절당했다.

그러나 아인슈타인은 온갖 부정적 평가에도 불구하고 스스로를 믿었다. 훗날 그는 20세기의 위대한 과학자로 우뚝 섰고 그의 탁월한 상대성 이론은 지금도 완전히 이해하는 사람이 별로 없을 정도다.

나는 자기 자신을 믿은 덕분에 성공한 사람들의 이야기를 들으면 언제나 엘리너 루스벨트의 말이 생각난다.

"당신이 인정하기 전까지는 아무도 당신이 못났다고 할 수 없다."

지금까지 말한 사람들은 근시안적 평가에서 나온 부정적 의견에 굴하지 않고 자기 믿음을 굳건히 지켜냈다. 그들이 그런 말에 의기소침해졌다면 세상은 훨씬 더 암울했을 것이다. 발전이 더 느렸을 테니 말이다.

물론 아인슈타인의 두뇌나 아스테어의 재능이 있어야 믿음의 혜택을 누릴 수 있는 것은 아니다. 역사적 위인들만 믿음의 힘을 발휘할 수 있는 것도 아니다. 믿음의 원칙은 당신이라는 1인 기업에도 얼마든지 적용할 수 있다. 단지 여러분이 믿기만 하면 된다.

'믿음' 상자

루스벨트 실러는 자신의 책, 《힘을 주는 사고(Power Thoughts)》에서 사무실 책상에 항상 '믿음' 상자를 올려둔 어느 중역 이야기를 소개하고 있다. 그 중역은 좀처럼 결말이 나지 않는 계약이나 까다로운 제안, 지지부진한 프로젝트가 생기면 그것을 '믿음' 상자에 넣고 이틀 정도 그대로 놔둔다. 2, 3일이 지난 뒤 그 문제들을 꺼내 보면 새로운 시각으로 바라볼 수 있기 때문이다. 그 중역은 '믿음' 상자의 효과를 다음과 같이 설명한다.

"며칠 후 골치 아픈 문제를 꺼내 다시 살펴보면 전에 보이지 않던 것이 보입니다. 그러면 그 문제에 대처하는 새로운 방법이 생각나죠. 그때 그것을 메모합니다. 여전히 내가 원하는 새로운 생각이 떠오르지 않으면 문제를 다시 상자 속에 넣어둡니다. 놀랍게도 그것은 언제나 효과가 있습니다. '믿음' 상자를 이용한 후로 나는 단 한 건의 거래, 프로젝트, 제안도 놓친 적이 없습니다."

항상 이 말을 기억하라.

"여러분은 머리로 생각하는 것, 가슴으로 믿는 것은 무엇이든 이룰 수 있다."

'믿음' 상자는 믿음의 원칙에 들어 있는 엄청난 힘을 보여주는 주목할 만한 방법이다.

믿음에 관한 모든 것

우리는 '믿음'이라는 말을 일상적으로 사용하지만 막상 믿음의 정의를 물어보면 대답을 망설인다. 내가 볼 때 성경에서 정의한 '신앙'을 믿음으로 대체하면 가장 훌륭한 정의가 나올 것 같다. 구약성서는 신앙을 이렇게 정의한다.

"신앙이란 바라는 바의 실체이자 보이지 않는 것에 대한 증거다."

여기에서 신앙을 믿음으로 대체하면 훌륭한 정의가 내려진다. 즉, 우리 눈으로 직접 봐야 믿을 수 있는 게 아니다. 여러분이 무언가를 진심으로 믿는다면 그것으로 충분하다. 여러분이 마음속에서 비전을 명확히 볼 수 있으면 그것이 현실화하는 것은 시간문제일 뿐이다. 이것이 믿음에 관한 모든 것이다.

가짜 약의 효과

믿음이 강하면 실제로 어떤 결과를 창출해낸다. 그 대표적인 사례가 가짜 약 효과다. '가짜 약'은 실험의약품이 특정 질병에 효과가 있는지 알아보기 위해 테스트하는 약품으로 인체에 해를 끼치지 않는다.

어느 의료진이 사람들을 두 그룹으로 나눠 실험을 실시했다. 한 집단에게는 진짜 약을 주었고, 다른 집단에게는 가짜 약을 주었다. 물론 두 집단은 모두 그것을 진짜 약으로 알고 있었다. 흥미로운 것은 진짜 약을 먹은 환자뿐 아니라 가짜 약을 먹은 환자의 상태도 호전되었다는 사실이다.

실제로 환자가 의사의 치료법이나 약을 믿으면 그들의 마음이 몸에 스스로 치유하도록 명령을 내려 가짜 약을 먹어도 병이 호전된다고 한다. 실험 결과 가짜 약을 먹은 환자의 35퍼센트에게 효과가 있었다. 그런데 최근 15년 동안의 의학논문들을 보면 몇몇 연구에서 70퍼센트에 이르는 환자가 가짜 약으로 많은 도움을 받았다고 한다.

이는 믿음의 힘만으로도 스스로를 치유할 수 있음을 보여준다. 노먼 빈센트 필 박사는 그의 고전적 저서 《긍정적 사고방식(The Power of Positive Thinking)》에서 다음과 같이 말하고 있다.

"마음의 습관을 불신에서 믿음으로 바꿔라. 그러면 모든 것이 가능해진다."

긍정적 사고의 힘

필 박사는 긍정적 사고가 기적을 일으킬 수 있다는 사실을 직접 증명했다. 아흔다섯 살에 사망한 그는 아흔세 살까지 전국적으로 1년에 100여 차례 이상 강연하는 열정을 보였다. 그는 54년 동안 주간 라디오 프로그램을 담당했고 46권의 저서를 집필했으며 50여 년 동안 매주 일요일 설교를 했다. 그런 그가 젊은 시절에 '열등의식 콤플렉스'에 시달렸다면 믿겠는가. 실제로 그는 그 경험에서 벗어나고자 긍정적으로 생각하는 철학을 독창적으로 개발했다.

전 세계적으로 수백만 명이 필 박사에게 '할 수 있다'는 긍정적 사고를 강화하는 방법을 배웠다. 이는 그의 책 《긍정적 사고방식》이 41개 언어로 번역되어 전 세계적으로 2,000만 부 이상 팔려나간 사실이 증명한다.

내 커다란 소망 중 하나는 '할 수 없다'는 자세 대신, '할 수 있다'는 자세를 전 세계 40억 명 이상에게 전해주는 일이다.

믿는 대로 이루어진다

'할 수 없다'는 부정적 자세는 부정적인 일을 끌어당긴다. 최근의 연구 결과 부정적 믿음은 실제로 부정적 결과를 초래한다는 것이 과학적으로 밝혀졌다. 예를 들어 영국의 학자들은 13일의 금요일에 교통사고를 당할 위험이 52퍼센트나 올라간다는 연구 결과를 보고했다. 믿는 대로 이루어진다는 사실이 과학적으로 증명된 것이다.

'할 수 있다'와 '할 수 없다'

안타깝게도 현실적으로 '할 수 있다'는 사고방식보다 '할 수 없다'는 사고방식이 더 만연해 있다. 가령 TV와 신문에는 긍정적인 이야기보다 부정적인 이야기가 훨씬 더 많이 나온다. 나는 왜 사람들이 그토록 부정적인 것에 이끌리는지 그 이유를 정확히 알지 못한다. 어쩌면 그것은 인간의 본성 탓인지도 모른다.

사실 우리는 '네'라는 말보다 '아니오'라는 말을 일곱 배나 더 많이 듣는다. 또한 낙관적인 사람보다 비관적인 사람이 훨씬 더 많다. 세상에는 할 수 있다고 믿는 사람보다 할 수 없다고 믿는 사람이 더 많다. 그렇다면 우리는 마음의 습관을 불신에서 믿음으로 바꾸라는 필 박사의 조언을 어떻게 활용해야 할까?

그것은 자기 자신으로부터 시작해야 한다. '남이라는 1인 기업'을 비난하는 대신 '당신이라는 1인 기업'을 믿는 것으로 시작하라. 그리고 '할 수 없다'는 사고방식을 '할 수 있다'는 사고방식으로 대체하라.

부정적 사고방식을 긍정적 사고방식으로 바꾸기에 지금 이 순간보다 더 좋은 때는 없다!

'할 수 없다'를 인생에서 지워버려라

칙 무어만의 책 《지혜로운 교사는 어떻게 말하는가(Teacher Talk)》에 보면 '할 수 없다'를 '할 수 있다'로 대체하는 감동적인 이야기가 나온다.

학기 초의 어느 날 도나 선생님은 자기 반 학생 서른한 명에게 깨끗한 종이를 하나 꺼내 맨 위에 커다랗게 '할 수 없다'라고 쓰게 했다. 이어 학생들에게 자신이 할 수 없는 일의 목록을 적어보라고 했다. 다음은 학생들이 쓴 내용의 일부다.

"나는 팔굽혀펴기를 열 번 이상 할 수 없다."
"내겐 과자를 하나만 먹는 절제력이 없다."
"나는 세 자리 이상의 나눗셈을 할 수 없다."
"나는 데비가 나를 좋아하도록 만들 수 없다."

학생들이 목록을 작성하는 동안 도나는 자신의 목록을 작성했다.

"나는 알렌에게 주먹 대신 대화로 풀어가도록 할 수 없다."
"나는 존의 어머니에게 학부형회에 참석하도록 할 수 없다."

목록이 완성되자 도나는 학생들에게 종이를 반으로 접어 교탁 위에 올려둔 종이상자에 넣으라고 했다. 아이들이 모두 종이를 상자에 넣자 도나는 상자의 뚜껑을 덮은 다음 그것을 들고 밖으로 나서며 학생들에게 따라오라고 했다. 가는 도중 도나는 경비실에 들러 삽을 꺼내 들고 학생들을 운동장 구석으로 데리고 갔다. 학생들이 모두 모이자 도나는 학생들을 돌아보며 엄숙한 표정으로 말했다.

"우리는 오늘 매우 중요한 일로 여기에 모였습니다. 우리는 지금 '할 수 없다'를 매장하려고 합니다."

그녀가 땅을 파기 시작하자 학생들이 너도나도 나서서 거들었다. 구덩이가 90센티미터 정도로 깊어지자 도나는 '할 수 없다'가 들어 있는 상자를 가만히 바닥에 내려놓았다.

'할 수 없다'를 위한 추도문

'할 수 없다'의 무덤을 만든 도나는 학생들을 그 주변에 둘러서게 했다. 그런 다음 두 손을 모으고 고개를 숙여 숙연하게 추도문을 읽었다.

"여러분, 오늘 우리는 '할 수 없다'를 추모하기 위해 이 자리에 모였습니다. 그는 언제나 우리 곁에서 우리와 함께했습니다. 불행히도 그는 학교와 모든 사람 곁에 머물러 있었습니다. 오늘 우리는 '할 수 없다'에게 마지막 안식처를 제공해주었습니다. 그가 세상을 떠났으므로 이젠 그의 형제인 '할 수 있다', '하겠다', '지금 당장 하겠다'만 남았습니다. 이들은 아직 '할 수 없다'만큼 잘 알려지지 않았고 그만한 힘도 능력도 없습니다. 그렇지만 언젠가는 여러분의 도움으로 세상에 더 큰 공헌을 할 것입니다. 이제 여기 있는 모든 사람이 자신의 일을 잘 해나가도록 '할 수 없다'여 평온하게 잠들기를…, 아멘."

도나와 학생들은 교실로 돌아가 '할 수 없다'의 영결식을 했다. 도나는 커다란 종이로 비석을 만들어 그 위에 검은 글씨로 이렇게 썼다.

"할 수 없다, 여기에 평온히 잠들다."
1980년 3월 28일

그 종이비석은 1년 내내 교실에 걸려 있었다. 학생들이 무언가를 하다가 깜박 잊고 '할 수 없다'고 말하면 도나는 그 비석을 가

리켰다. 그러면 학생들은 웃으면서 그 비석의 내용을 큰 소리로 읽었다.

참으로 재미있고 유쾌한 이야기가 아닌가. 나는 그 선생님을 직접 만나본 적이 없지만, 만약 그녀가 우리 집 근처의 학교에 근무한다면 기쁜 마음으로 내 아이들을 그녀에게 맡길 것이다.

사람들이 마음속으로나마 '할 수 없다'의 장례식을 치른다면, 얼마나 많은 것을 성취할 수 있을지 상상해보라. 아마 여러분은 당신이라는 1인 기업의 주가가 빠르게 치솟는 것을 보게 될 것이다.

자신뿐 아니라 타인도 믿어라

여러분 자신을 믿는 것은 당신이라는 1인 기업의 가치를 극대화하는 데 매우 중요한 일이다. 여러분 자신을 믿는 것은 필수적이다. 그러나 여러분이 아무리 독립적인 존재라 하더라도 세상을 혼자서 살아갈 수는 없다. 영국의 시인 존 던은 수백 년 전 다음과 같이 지적했다.

"사람은 혼자서는 살 수 없다."

이는 여러분이 자기 자신뿐 아니라 다른 사람도 믿어야 한다는 것을 의미한다. 역사적으로 위대한 성취를 이룬 사람은 자기 자신은 물론 다른 사람도 믿었다. 예를 들어 콜럼버스가 아무리 스스로를 믿었더라도 함께 항해하는 선원들을 믿지 못했다면 신세계 탐험을 성공적으로 마칠 수 없었을 것이다. 진정 성공한 사람들은 가족, 친구, 국가, 자신의 동기 그리고 신을 믿는다.

그러면 자기 자신 외에 다른 존재를 믿는 것이 당신이라는 1인 기업의 가치를 얼마나 높여주는지 살펴보자. 1950년대에 뉴욕 자이언츠 팀의 감독이던 레오 드로셔는 다른 사람을 믿는 것이 성공에 얼마나 필수적인지 보여주는 대표적인 사례다.

믿음에 대한 보상

1951년의 시즌 초기, 드로셔는 마이너리그 선수인 20세의 윌리 메이스를 센터필드의 스타팅 포지션에 세웠다. 첫눈에 그의 기량을 알아본 드로셔는 메이스가 슈퍼스타로 성장할 것을 굳게 믿었던 것이다. 그런데 앨라배마의 시골뜨기인 이 수줍음 많은 메이스는 메이저리그의 엄청난 관중 앞에서 몸도 마음도 얼어버리고 말았다. 잔뜩 주눅이 든 메이스는 열두 번을 출전해 단 한 방도 때리지 못했다. 계속 이어진 게임에서도 간신히 한 번 때리고는 내리 열네 번을 때려내지 못했다. 그는 좌절했다.

또 다른 게임에서도 여전히 한 방도 때리지 못한 그는 선수대기실에 앉아 눈물을 흘렸다. 드로셔가 다가가자 메이스는 흐느끼며 말했다.

"감독님, 저는 메이저리그에서 뛸 만한 선수가 아닌가 봐요."

드로셔는 깊은 좌절감에 빠져 있는 젊은이의 어깨 위에 손을 얹고는 조용히 말했다.

"윌리, 내가 자이언츠 감독으로 있는 한 너는 언제까지나 센터필드야."

다음 날 드로셔는 메이스를 또다시 센터필드에 세웠고 그의 믿음은 결국 보상을 받았다. 메이스는 그날 오후 안타 두 개를 기록했다. 이후 분발한 그는 그해 타율이 3할대를 넘어섰고 그로부터 20년 동안 계속 올스타가 되었다.

드로셔는 메이스가 스스로를 믿지 못하는 순간에도 그를 믿어주었다. 그리고 그 믿음은 두 사람의 가치를 극적으로 높여주었다. 3,000개 이상의 안타와 600개 이상의 홈런을 기록해 명예의 전당에 오른 선수가 처음 스물여섯 번의 시도에서 겨우 안타 하나를 치는 것으로 출발했다는 사실을 기억하라.

믿음의 혜택

가족, 친구 등 다른 사람을 믿는 것은 커다란 힘을 발휘한다. 실제로 최근의 한 연구 결과는 이 사실을 잘 보여준다.

다트머스 의과대학 의사들은 심장개방 수술을 받은 232명의 환자가 치료 후 어떤 진행 과정을 겪는지 조사했다. 그 결과 클럽이나 친목단체 같은 사회적인 집단 활동에 참여하지 않는 환자는 수술 후 6개월 내에 사망하는 확률이 세 배나 높다는 것을 발견했다. 한 수석연구원이 말했다.

"깊은 신앙심으로 종교 활동을 하거나 그 밖에 사회적 관계에 의지하는 것은 건강에 커다란 이득을 준다."

어쩌면 의사들은 신경안정제나 항우울증제를 처방하는 대신 이런 처방전을 써야 할지도 모른다.

'열심히 종교 활동을 하시오.'

결국 자신보다 신이나 삶의 이유를 믿는 사람은 그렇지 않은 사람보다 건강하고 행복하게 살아갈 확률이 높다. 이것은 믿는 사람에게 주어지는 행운이다.

믿음이 강한 사람이 승리한다

 나는 믿음이 강한 사람이 승리한다는 사실을 굳게 믿는다. 기독교는 로마제국 부흥기에 이교도에게 승리했고, 민주주의는 제2차 세계대전에서 파시즘을 이겼다. 알고 있다시피 냉전기에는 자본주의가 공산주의를 이겼다. 그 차이는 바로 믿음에 있다. 이는 다윗과 골리앗의 싸움에 비유할 수 있다.

 다윗이 골리앗과의 싸움에 나섰을 때 주변의 모든 사람이 싸움을 말리며 거인 골리앗을 이길 수 없다고 했다. 이 말을 들은 다윗이 말했다.

 "골리앗이 거인이라니 내가 훨씬 더 유리하군."

 다윗은 신과 자기 자신 그리고 자신의 명분을 믿었다. 물론 그가 전혀 두렵지 않았을 리는 없다. 성서에 따르면 골리앗은 키가 2미터가 넘었고 머리끝부터 발끝까지 온몸을 갑옷으로 무장했으며 수많은 싸움에서 살아남은 용사였다고 한다. 그래도 다윗은 흔들리지 않는 믿음을 바탕으로 두려움을 이겨내고 도전에 나섰다. 철학자 존 스튜어트 밀은 믿음의 힘을 이렇게 표현한다.

 "믿음이 있는 한 사람이 관심만 보이는 아흔아홉 사람보다 낫다."

 다윗의 승리는 이 말을 확실히 증명하고도 남는다.

타인의 비판에 흔들리지 마라

많은 사람이 성공과 상관없이 거의 비슷한 정도의 부정적 피드백을 받는다. 단지 헨리 포드처럼 성공한 사람은 꿈을 훔쳐가는 사람들의 말에 귀를 기울이지 않지만, 성공하지 못한 사람은 그렇지 않을 뿐이다.

실제로 자기 자신, 가족, 국가, 나아가 자신의 명분을 강하게 믿지 않으면 처음 부딪히는 문제에 곧바로 휘청거리고 만다. 내가 친구와 친지들에게 책을 내겠다고 말했을 때 그들은 나를 비웃었다. 어쩌면 그들은 내 고교시절의 문법 점수가 고작 C에 불과하다는 사실을 떠올렸을지도 모른다. 사람들은 내게 말했다.

"한 번도 글을 써본 적 없는 사람이 무슨 글을 쓴다고 그래."

나는 당당하게 대꾸했다.

"만약 모든 사람이 그렇게 생각했다면 세상에는 책이 존재하지 않을 겁니다."

내가 왜 그들의 말을 따라야 한단 말인가. 그건 그저 그들의 생각에 불과하다. 나는 나 자신과 하고자 하는 의지를 믿었다. 나를 비판하는 사람들은 문법, 철자, 내 학교 성적처럼 사소한 것만 보았으나 나는 메시지 전달과 쉬운 문체처럼 더 중요한 문제에 관심을 기울였다. 솔직히 문법이나 철자는 전문가에게 교정을 부탁하면 될 게 아닌가. 나는 사람들이 비판을 하면 할수록 '사소한 것에 신경 쓰지 말자'는 말을 좌우명으로 삼아 더욱 노력했다.

결국 내가 펴낸 첫 책《누가 우리의 꿈을 훔쳐 갔는가?》는 3년도 되지 않아 100만 부 넘게 팔렸다. 내가 나 자신을 믿지 않고 비판자의 말을 들었다면 과연 그 책이 세상에 나오기나 했을까?

승리한다고 믿으면 승리한다

아널드 파머는 1955년 이래 네 개 마스터스 토너먼트를 비롯해 수많은 프로골프 토너먼트에서 우승한 인물로 살아 있는 전설이자 매우 유명한 사람이다.

그의 성공 비결은 무엇일까? 나는 굽힘없이 자기 능력을 믿었기 때문이라고 본다. 그는 볼을 치기 전에 항상 자신이 원하는 곳으로 볼을 정확히 보낼 수 있다는 것을 믿었다. 파머의 확신과 믿음이 그의 골프를 뒷받침한 것이다.

그는 수많은 토너먼트에서 우승하고 상도 탔지만 사무실에는 1955년 캐나다 오픈에서 첫 프로페셔널 우승으로 받은 낡은 컵만 가져다놓았다. 또 하나의 장식품으로 작은 액자가 있었는데 거기에는 이런 글이 적혀 있었다.

당신이 진다고 생각하면 당신은 진다.

당신이 할 수 없다고 생각하면 당신은 할 수 없다.

당신이 이기고 싶지만, 이길 수 없다고 생각하면 확실히 이기지 못한다.

인생에서의 싸움이 늘 강한 사람에게만 유리한 것은 아니다.

결국 승리하는 사람은 승리할 수 있다고 믿는 사람이다.

원칙 4
행동한다

원칙 4	행동한다

물에 빠진다고 반드시 익사하는 것은 아니다.
물에 빠진 채 가만히 있으면 그때 익사한다.
- 에드윈 루이스 콜, 《남자입니까》 저자 -

로빈 윌리엄스가 주연한 《허드슨 강의 모스크바》는 뉴욕을 여행하던 도중 미국으로 망명한 러시아의 어느 서커스 단원 이야기를 다룬 1970년대의 희극 영화다. 이 영화에서 30대 초반의 블라디미르는 모스크바 서커스 악단에서 색소폰을 연주하며 부모님과 함께 좁고 낡은 아파트에서 살아간다.

그의 친구 아나톨리는 늘 미국으로 망명하는 꿈을 꾸는 서커스단의 광대다.

행동이 말보다 더 많은 것을 말해준다

모스크바 서커스단이 매디슨 스퀘어가든에서 공연하게 되었을 때, 뉴욕으로 온 두 사람은 미국인의 부와 자유에 완전히 빠져버렸다. 광대 아나톨리는 블라디미르에게 기회를 보아 함께 망명하자고 계속 제안했다. 블라디미르도 자유를 원했으나 아나톨리에게 실현 가능성과 여러 가지 현실적 제약을 따져보자고 했다. 그들은 영어를 할 줄 몰랐고 돈도 없었으며 러시아 정보기관에서 줄곧 그들의 움직임을 감시하고 있었다. 만약 망명을 시도했다가 실패하면 그들은 평생 시베리아 정치범 수용소에 갇혀 살 수도 있었다.

그런데 공항으로 가던 버스가 쇼핑을 위해 매시 백화점에서 10분간 멈추었고 망명할 기회가 생겼다. 짧은 쇼핑시간이 끝나고 러시아 정보기관 요원들이 사람들을 출구 쪽으로 밀어댈 때, 두 사람은 서로 마주보았다. 등을 돌리고 서 있는 정보기관 요원을 살펴본 아나톨리는 곧바로 매시 백화점 경비원을 쳐다보았다. 지금이 행동할 때다! 바로 그때 망설이지 않고 경비원 쪽으로 달려간 사람은 블라디미르였고, 그는 경비원의 팔을 붙잡고 소리쳤다.

"망명하겠습니다! 나를 좀 도와주십시오. 망명을 원합니다!" 정보기관 요원이 블라디미르를 끌어내려 했지만 매시 백화점 경비원은 즉시 경찰을 불렀다. 소동이 가라앉았을 때, 러시아 정보기관 요원은 온갖 수단을 동원해 블라디미르를 설득했다. 하지만 그는 끝내 설득에 응하지 않았고 마침내 자유를 얻었다.

마음만 먹지 말고 행동하라

다시 화면은 심각한 표정으로 버스의 창밖을 응시하는 다른 서커스 단원에게로 옮겨갔다. 슬픈 얼굴들이 차례로 지나가더니 창에 눈물이 가득한 얼굴을 갖다 댄 한 인물 앞에서 카메라가 잠시 멈췄다. 그는 기회가 왔을 때 그것을 잡지 못한 광대 아나톨리였다.

말만 앞세우지 말고 용기를 내 행동해야 한다. 그는 망명을 원한다고 숱하게 말했지만 정작 기회가 왔을 때 행동으로 옮길 용기를 내지 못했다. 반면 블라디미르는 행동으로 모든 것을 보여주었다. 사실은 블라디미르보다 아나톨리가 더 간절히 자유를 원했다. 그런데 두 사람 중 한 사람은 꿈을 이뤘으나 다른 한 사람은 그렇지 못했다. 행동할 용기를 낸 사람만 자유를 얻었던 것이다.

2,000년 전 그리스의 철학자 소포클레스는 이렇게 말했다.

"하늘은 행동하지 않는 사람은 도와주지 않는다."

이 말은 2,000년 전이나 지금이나 성공 비결은 똑같다는 사실을 보여준다. 앞으로 다가올 2,000년 동안에도 그 비결은 바뀌지 않을 것이다.

행동 없이 무슨 일이 일어난단 말인가. "모든 작용에는 그만큼의 반작용이 따른다"라는 말은 초급 물리학의 기본 원칙 중 하나다. 행동이 없으면 아무것도 일어나지 않는다는 것이 만고의 진리라면, 왜 그토록 많은 사람이 행동을 회피하느라 많은 시간과 노력을 들이는 것일까?

끝없이 미루는 것은 만성적인 사망 상태다

어떤 현자는 미루는 행동을 '기회의 암살자'라고 불렀다.

나는 미루는 것을 만성적인 사망 상태라고 부른다. 일을 미루면서 시간을 질질 끌면 행동 의지가 죽어버리기 때문이다.

톰 피터스는 그의 책 《초우량 기업의 조건(In Search of Excellence)》에서 최고의 기업을 움직이는 핵심 원칙을 발견하기 위해 수년간 진행한 연구 결과를 밝히고 있다. 그에 따르면 대기업에는 공통적으로 여덟 가지 속성이 있는데, 그중에서도 탁월한 속성은 '행동하려는 성향'이라고 한다. 다시 말해 최고의 기업은 말로만 무언가를 하는 것이 아니라 실제로 행동한다.

피터스는 평범한 기업과 탁월한 기업을 이렇게 비교한다.

"평범한 기업의 경영진은 '좀 더 연구해보자', '내 회사도 아닌 걸', '다음 분기까지 저 제안을 보류하자'라고 생각한다. 반면 탁월한 기업의 경영진은 '하라', '고쳐라', '당장 시도하라'라는 슬로건에 맞게 행동한다."

당신이라는 1인 기업은 어떠한가? 여러분은 말로만 외치면서 일이 저절로 이뤄지기를 바라는가? 내일로 미루지 못할 문제는 아무것도 없는 듯 행동하는가? 사실 나는 행동을 미루는 사람을 이해하지 못한다. 왜냐하면 나는 그 반대로 행동하기 때문이다. 내 좌우명은 늘 '대기, 조준, 발사'다. 물론 강한 추진력 때문에 간혹 곤란한 일도 겪지만, 나는 최소한 미루는 바람에 만성적인 사망 상태에 빠지고 싶진 않다.

미루지 말고 지금 하라

메달 골드(Medal Gold) 제분회사의 사장 벤저민 S. 불은 '미루지 않기'를 실천한 대표적인 인물이다. 어느 날 최고경영진 회의에서 벤저민은 담당자에게 애완동물 프로젝트 진행 상황을 물었다. 그때 담당자는 아직 그 프로젝트를 시작하지 못했지만 결국 해낼 것이라고 말했다. 벌떡 일어난 벤저민은 불같이 화를 내며 그 담당자를 향해 소리를 질렀다.

"결국 해낸다고? 그럼 왜 지금은 못하는 건가?"

메달 골드 경영진에게 큰 충격을 준 이 말은 회사의 사훈이 되었고, 그로부터 50여 년이 지난 지금까지도 그 회사의 사훈으로 남아 있다.

사실 아무것도 하지 않는 것을 합리화하기보다 무언가를 하는 편이 훨씬 더 낫다. 그러니 부지런히 무언가를 하라. 나이키 광고 문구에 '그냥 하라(Just do it)'가 있는데 나는 이 말에 전적으로 동의한다.

'그냥 하라(Just do it)'

내가 볼 때 사람들은 행동하기보다 행동을 피하는 것이 더 쉽다고 여겨 자꾸만 미루는 것 같다. 하지만 어떻게 하면 행동을 피할지 생각하는 데 들이는 시간의 반만큼만 행동에 투자해도 두 배의 생산 효과를 얻을 것이다. 에이브러햄 링컨은 이런 말을 자주 했다고 한다.

"오늘의 책임은 피할지언정 내일이 오는 것은 피할 수 없다."

오늘, 무엇을 했는가?

언젠가 우연히 '미루기'와 관련된 작자 미상의 시를 읽었다.

내년에 많은 일을 할 계획인데, 나는 오늘 무엇을 했는가?
앞으로 많은 돈을 기부할 생각인데, 나는 오늘 무엇을 주었는가?
미래에 멋진 저택을 짓고 싶은데, 나는 오늘 무엇을 지었는가?
달콤한 몽상은 행복감을 주지만, 내가 아니면 누가 그 일을 하겠는가?
누구나 자신에게 이런 질문을 해야 한다.
"나는 오늘 무엇을 했는가?"

곰곰이 생각해보면 내일은 없다. 내일은 그저 우리의 생각 속에만 존재할 뿐이다. 어떤 일을 완성할 유일한 기회는 '오늘'이다. 내가 다니는 교회의 목사님은 간혹 이러한 말로 오늘의 중요성을 일깨워준다.
"어제는 부도수표다. 오늘은 현금이다. 내일은 약속어음이다."
여러분이 쓸 수 있는 것은 오직 오늘이다. 당장 행동하라.
TV의 어느 광고에서 마지막 멘트로 인상적인 말을 했던 기억이 난다.
"일을 미루기보다 해내는 것이 훨씬 더 만족스럽습니다."

작은 것이 모여 큰 것을 이룬다

커다란 결과는 단 한 번의 행동이 아니라 작은 행동이 모여 이뤄진다. 미루고 미뤘다가 한꺼번에 일을 성취하겠다는 생각만큼 어리석은 것도 없다. 긴 시간에 걸쳐 작은 행동들이 모이면 커다란 결과를 낳는다. 이제부터 지속적으로 작은 행동을 하면 돈, 건강, 시간에서 얼마나 커다란 성과를 올리는지 보여주겠다.

티끌이 모이면 태산이 된다

가령 여러분의 목표가 노후에 연 5만 달러의 수입을 올릴 정도로 부를 쌓고 은퇴하는 것이라고 해보자. 20대 초반에 한 달에 100달러, 즉 일주일에 25달러씩 저축하고 그것을 1년에 12~15퍼센트의 수익을 내는 뮤추얼펀드에 투자한다면 예순다섯 살이 되었을 때 얼마나 모일까? 자그마치 50만 달러가 넘는다. 그 정도면 예순다섯 살이 되었을 때 원금에 손대지 않고도 1년에 5~6만 달러의 이자수입을 올릴 수 있다.

한 달에 100달러를 저축해 그 정도의 수입을 올리는 것이다.

20~30분 걷기로 체중 줄이기

여러분이 몇 킬로그램의 체중을 줄이는 것이 목표라면 어떨까? 체중을 줄이면서 건강을 유지하고 그 과정도 즐길 수 있다면 귀가 솔깃해지지 않을까? 그 방법은 바로 '걷기'다.

쉽고 즐겁기까지 한 걷기는 체중을 줄이면서 건강을 유지하게 해준다.

만약 여러분이 일주일에 6일 동안 출근하기 전이나 점심시간에 하루 20~30분씩 산책을 하고 사탕 대신 사과를 먹는다면, 1년 만에 최소한 5~10킬로그램은 뺄 수 있을 것이다.

1년에 한 달을 더 늘리는 법

가령 여러분이 1년에 한 달을 더 늘릴 수 있다면 어떨까? 불가능한 일이라고 생각하는가? 절대 그렇지 않다. 일주일에 6일을 평소보다 30분 먼저 일어나면 일주일마다 독서, 운동, 가족과 즐길 3시간을 추가로 얻는다. 이것을 1년에 52주 동안 실천하면 해마다 182시간의 시간적 여유가 생긴다. 이는 1년에 주당 40시간을 활용할 수 있는 한 달을 추가로 얻는 것과 같다. 나아가 평생 매일 30분씩 일찍 일어날 경우, 인생이 평균 4년 정도는 더 늘어난다.

 이처럼 덤으로 얻은 시간에 무엇을 하고 싶은가? 운동? 아이들과 놀아주기? 당신이라는 1인 기업을 위해 일하는 것? 조금 일찍 일어나는 것처럼 사소한 실천이 인생을 더 늘려준다는 것을 이해하겠는가? 내가 이런 말을 하는 이유는 작은 행동이 모이면 커다란 결과를 낳는다는 것을 보여주기 위해서다.

몇 초의 손실도 엄청난 물질적 손해다

 최근 나는 한 경영지에서 도요타 경영진의 효율적이고 생산적인 제조법을 다룬 기사를 읽었다. 기자는 도요타의 모든 근로자가 허리에 찬 가죽 공구벨트를 보고 그것을 20달러로 잡아도 회사에 연 10만 달러의 지출이 생긴다고 계산했다.

 그는 한 관리자에게 공구벨트를 지급하지 않으면 비용을 줄일 수 있을 거라고 말했다. 관리자는 미소를 지으며 도요타가 투자한 품목 중 그 공구벨트가 가장 최고의 효과를 낸다고 말했다.

 만약 각각의 엔지니어가 하루에 한 번 나사 드라이버를 떨어뜨린다면? 그것을 집어 올리는 데 몇 초가 걸린다면? 이것을 따져본 도요타는 1년에 1억 1,500만 달러의 손해가 난다는 결론을 내렸다. 결국 그 대안으로 공구벨트를 지급했고 공구를 찾느라 비생산적으로 시간을 허비하는 일이 눈에 띄게 줄어들었다. 물론 도요타는 공구벨트를 마련하는 데 수천 달러를 들였지만 회사는 결국 수억 달러를 절약했다.

여러분은 드라이버를 떨어뜨려 줍는 것처럼 몇 초밖에 걸리지 않는 작은 행동도 모이면 1억 달러가 넘는다는 생각을 해본 적이 있는가? 이 사례는 작은 행동도 꾸준히 하면 커다란 결과를 낳는다는 것을 잘 보여준다. 중요한 것은 여러분의 행동이 얼마나 크고 강한가가 아니라, 얼마나 오랫동안 꾸준히 하는가이다. 그것은 코끼리를 먹는 방법과 똑같다. 코끼리를 먹으려면 한 번에 한 입씩 먹으면 된다.

때리지 않으면 골인하지 않는다

내셔널 하키 리그에서 역사상 가장 많은 골을 넣은 웨인 그레츠키에게 한 기자가 그 비결을 묻자, 그는 이렇게 대답했다.

"나는 공을 때리지 않으면 골인하지 않는다는 것을 어릴 때부터 알았다."

인생도 마찬가지다. 행동하지 않으면 이뤄지는 것은 아무것도 없다. 그리고 여러분이 더 많이 행동할수록 더욱 많은 결과를 얻는다. 날씬해지기를 원한다면 날씬한 사람들이 하는 행동을 해야 한다. 부자가 되기를 원한다면 부자가 하는일을 해야 한다. 명사수는 재능이 아니라 행동하려는 의욕이 만들어낸다. 명사수는 계속 사격을 하는 보통 사수에 불과하다!

끈기의 힘

내가 볼 때, 끈기에 관한 가장 훌륭한 정의는 뉴트 깅리치가 한 말이다.

"끈기란, 간신히 끝낸 힘든 일을 한 번 더 하는 것이다."

사실 끈기는 그리 멋진 일은 아니지만 일을 완성하는 하나의 원동력이다. 많은 사람이 재능은 중시하면서도 끈기는 과소평가하지만, 이건 말도 안 되는 행동이다. 물론 마이클 조던처럼 타고난 재능으로 성공하는 사람도 있다. 그러나 대다수 성공자는 배짱과 결단력, 끈기로 성공한다.

켄터키 프라이드치킨의 창립자 커널 샌더스는 철도회사에서 은퇴한 이후에야 사업을 시작했다. 예순 살이 넘은 나이에 남부 전역을 누비며 자신의 닭요리 비법을 팔러 다닌 것이다. 그는 수개월 동안 수천 마일을 다니며 도로변에 있는 식당마다 들어가 닭요리 비법을 사줄 사람을 찾았다. 그가 무려 500여 곳에서 거절을 당했을 무렵, 어느 친절한 식당 주인이 그를 측은하게 여겨 조리

과정을 배워보고 싶다고 말했다. 그리고 오늘날 켄터키 프라이드 치킨은 전 세계 곳곳에 지점이 들어서 있다.

샌더스라는 이름이 그토록 유명해진 이유는 그가 세계 최고의 요리사라서가 아니다. 그는 세계에서 가장 훌륭한 사업가도 아니었다. 만약 그에게 그런 재능이 있었다면 자신이 40여 년간 일한 철도회사의 주인이 되었을 것이다.

확실한 것은 그가 누구보다 끈기 있는 사람이었다는 사실이다. 그를 한 분야의 정상에 올려놓은 것은 재능이 아니라 끈기였다. 어느 지혜로운 사람이 말했다.

"인내는 장거리 경주가 아니라 수많은 단거리 경주를 하나씩 치르는 것이다."

생각해보라. 시냇물과 바위가 싸우면 항상 시냇물이 이긴다. 셰익스피어는 비가 오래 내리면 대리석도 닳아 없어진다고 했다. 이 말은 끈기 있게 노력하면 결국 승리한다는 교훈을 전해준다.

팝콘 아이디어

회색 머리칼에 깡마른 오빌 레덴바커는 빨간 나비넥타이를 매고 TV에 나와 팝콘을 광고했는데, 그는 팝콘을 팔아 수백만 달러를 벌어들였다. 여러분도 팝콘처럼 이익이 많이 남는 장사로 명성과 돈을 얻는다면 기뻐서 어쩔 줄 모를 것이다. 그런데 사람들은 대부분 레덴바커가 바삭바삭하고 고소한 팝콘을 만들기까지 20여 년 동안 3만 가지의 팝콘을 만들었다는 사실은 모르고 있다.

그의 성공은 행운을 잡아 우연히 이뤄진 것이 아니었다. 한 달이나 1년 동안 열심히 일해서도 아니었다. 레덴바커를 옥수수 농장 경영자에서 백만장자로 거듭나게 한 것은 오랜 시간에 걸친 끈기 있는 행동이었다.

절대 포기하지도, 굴복하지도 마라

중국의 설화 중에 끈기의 중요성을 보여주는 것이 있다.

한 성인이 꿈속에서 천사의 인도로 천국을 방문했다. 어떤 곳에 이르니 천장까지 선물로 꽉 찬 커다란 방이 있었다.

그 방을 들여다본 성인이 천사에게 물었다.

"이 방에는 왜 진귀한 선물이 가득 쌓여 있는 겁니까?"

천사는 한숨을 내쉬며 말했다.

"그 방은 사람들이 기도하며 바라는 것을 보관하는 곳입니다. 슬프게도 사람들은 그 선물을 받기도 전에 기도를 그만둔답니다."

약간의 어려움 앞에서 금방 포기하는 사람들을 보면 나도 중국

설화에 나오는 천사처럼 슬픔을 느낀다. 특히 유능한 사람이 포기하거나 주저앉는 것을 보면 더욱 마음이 아프다.

캘빈 쿨리지는 끈기의 중요성을 이렇게 강조했다.

"세상의 그 무엇도 끈기를 대신하지 못한다. 재능도 대신하지 못한다. 재능이 있는 사람이 실패하는 경우가 가장 흔하다. 천재도 대신하지 못한다. 노력하지 않는 천재는 성공할 수 없다. 교육도 대신하지 못한다. 세상에는 학벌 좋은 낙오자가 숱하게 많다. 오직 끈기와 결단력을 발휘하는 자만 모든 것을 해낸다. 지금까지 인류의 모든 문제는 '열심히 하라'는 좌우명이 풀어왔고, 앞으로도 그럴 것이다."

변명하겠는가? 돈을 벌겠는가?

"당신은 변명할 수도 있고 돈을 벌 수도 있다. 그러나 두 가지를 동시에 할 수는 없다."

아주 많은 사람에게 일찍 일어날 수 없는 이유, 매달 봉급의 10퍼센트를 저축할 수 없는 이유, 체중을 줄일 수 없는 이유, 운동을 할 수 없는 이유가 있다. 한 가지 확실한 것은 진정 행동하는 사람은 방법을 찾고, 그렇지 않은 사람은 변명을 찾는다는 사실이다.

여러분은 어떠한가? 당신이라는 1인 기업의 성장을 목표로 간단하고 일상적인 일을 꾸준히 행해 원하는 것을 얻겠는가? 인생의 모든 단계에서 기꺼이 성공하려 노력하겠는가? 아니면 신용카드 대금을 제때 내지 않은 이유를 합리화하거나 15킬로그램이나 초과된 체중에 대해 핑계를 대겠는가?

물론 힘들고 어려울 때 자신을 돌아보고 진정 원하는 것을 얻고자 노력하기보다 실패를 합리화할 변명거리를 찾는 게 더 쉽다. 그렇지만 변명이 주택대출금을 갚아주는 것은 아니다. 변명이 허리둘레를 100센티미터에서 90센티미터로 줄여주지는 않는다. 또한 변명은 당신이라는 1인 기업을 성장시키지 않는다.

지금까지 단 한 번도 변명이 일을 개선하거나 성취한 적은 없었다. 그것은 앞으로도 마찬가지일 것이다. 오직 끈기와 결단만이 일을 해내도록 돕는다. 내가 늘 말하듯 세상에는 원인과 결과가 있다. 중요한 것은 원인이 아니라 결과다.

변명은 아무것도 가져다주지 않는다

행크 아론이 어깨부상을 당할 때마다 아프다는 핑계로 쉬었다면 베이브 루스의 홈런 기록을 깰 수 있었을까? 칼 립켄 주니어가 감기에 걸리거나 발목을 삘 때마다 게임에 나가지 않았다면 루 게릭의 연속 출장 기록을 깰 수 있었을까? 결코 그렇지 않다.

아론과 립켄은 변명하는 쉬운 길보다 행동하고 일을 해내는 데 우선순위를 두었기에 기록을 갱신한 것이다. 이들은 아무리 힘들어도 회피하지 않았고 그만한 보상을 받았다.

꿈과 후회를 맞바꾸지 마라

앞서 말한 색소폰 연주자 블라디미르와 광대 아나톨리는 모스크바 서커스단에서 일하며 같은 곳에서 출발했다. 그렇지만 안타깝게도 그들이 도달한 곳은 같지 않았다. 용기를 내 행동한 블라디미르는 자유를 얻어 스스로 자기 운명을 개척했으나 용기가 부족했던 아나톨리는 평범함, 억압, 좌절감, 고통 속에서 암울한 삶을 살아갔다.

기회가 왔을 때 행동하지 못해 아나톨리와 같은 처지에 놓이지 마라. 여러분의 꿈이 후회로 바뀌게 하지 마라. 여러분의 인생을 지배할 용기, 운명을 책임질 용기를 발휘하라.

행동을 취할 용기를 내라!

원칙 5

모든 것은 자세가 결정한다

원칙 5 | 모든 것은 자세가 결정한다

사물의 밝은 측면만 보면
절대로 눈이 피로해지지 않는다.
- 작자 미상 -

내 친구 중 하나는 이 말을 즐겨 사용한다.
"누구나 방을 밝혀준다. 어떤 사람은 들어올 때 방이 밝아지고 또 어떤 사람은 나갈 때 방이 밝아진다."
나 역시 이 말을 아주 좋아한다. 우리는 보통 명랑하고 낙천적인 사람을 좋아하는데, 그 이유는 그들이 우리 삶을 긍정적인 열정과 열의로 밝혀주기 때문이다. 특히 긍정적인 자세는 전염성이 있어 자세가 훌륭한 사람이 들어오면 방 안이 밝아진다. 그 반대로 우리에게 우울함과 어둠을 드리우는 비판적이고 부정적인 사람도 있다. 불행히도 그들의 자세 역시 전염성이 있다. 따라서 그들이 방에서 나갈 때 방이 밝아진다.

세상은 보는 자세에 따라 달라진다

18세기 무렵, 지중해의 어느 번화한 도시에 그곳을 처음 방문하는 사람을 안내하는 지혜로운 문지기 노인이 있었다. 여행자들은 그 도시로 들어가기 전에 노인에게 길을 묻거나 일자리를 알아보았다. 어느 날 한 여행자가 그에게 다가와 물었다.

"영감님, 이 도시에는 어떤 사람들이 살지요?"

노인은 잠시 망설이더니 머리를 한 번 긁적이고 나서 되물었다.

"자네가 있던 곳에는 어떤 사람들이 살았나?"

여행자는 생각하기도 싫다는 듯 얼굴을 찌푸리더니 냉정한 말투로 말했다.

"진저리가 납니다. 그들은 비열하고 탐욕스럽고 불성실하지요."

문지기는 고개를 끄덕이더니 "자네는 이 도시에서도 똑같은 사람들을 만날 걸세. 내 경고를 잊지 말게"라고 말했다.

한 시간 정도가 흐르자 다른 여행자가 문지기 노인에게 다가왔다. 복장이나 얼굴 생김새로 보아 그 여행자는 앞서 지나간 여행자의 동생으로 보였다. 노인이 먼저 말을 걸었다.

"젊은이, 보아하니 내가 아까 만난 자네 형을 찾고 있는 모양이군."

젊은이는 미소를 지으며 아니라고 대답했다.

"아닙니다. 형님은 모든 일에 비판적이고 부정적이지요. 그래서 유감스럽지만 형님과 함께 있고 싶지 않습니다."

젊은이는 노인 앞으로 좀 더 다가와 따뜻한 눈빛으로 말했다.

"노인장, 제 질문에 답해주시면 그 은혜는 평생 잊지 않겠습니다. 혹시 이 도시에 어떤 사람들이 살고 있는지 말씀해주실 수 있나요?"

노인은 또다시 망설이더니 머리를 한 번 긁적이고 나서 말했다.

"자네가 있던 곳에는 어떤 사람들이 살았나?"

여행자는 생각만 해도 즐겁다는 듯 밝게 웃으며 명랑한 목소리로 대답했다.

"아주 좋은 사람들이었지요. 정직하고 부지런하고 너그러운 사람들이었어요. 저는 그곳을 떠나기 싫었지만 운이 따라주지 않아 이렇게 떠나왔습니다."

이 말을 들은 노인은 웃으면서 "자네는 이 도시에서도 똑같은 사람들을 만날 걸세. 자네의 방문을 환영하네"라고 말했다.

이 이야기가 주는 교훈처럼 누구나 보는 대로 얻는다. 부정적인 사람은 세상을 냉소주의로 색칠한 검은색 안경을 통해 바라보기 때문에 모든 것에 의혹을 보내고 비관적이다.

반면 긍정적인 사람은 세상을 낙관주의로 칠한 장밋빛 안경을 통해 바라보기에 모든 것을 좋게 대하고 늘 다정하며 따뜻하다.

결코 행복해질 수 없는 사람

나는 골프를 무척 좋아하는데 가끔은 나보다 훨씬 잘 치는 사람들과 골프를 즐기기도 한다. 운이 좋으면 그들은 대부분 70타 이내를 날리지만, 그런 날에도 나는 80타를 넘기기 일쑤다. 하지만 나는 90타를 넘길 때도 여전히 골프를 즐길 방법을 찾는다. 내게 좋은 점수는 그저 골프로 얻는 소소한 즐거움 중 하나일 뿐이다. 오히려 나는 자연의 아름다움이나 사람들과의 어울림, 좋은 드라이브를 치는 스릴, 롱 퍼트 성공을 즐긴다.

한데 내가 어울리는 사람 중에도 일이 생각대로 풀리지 않으면 곧바로 표정이 어두워지는 사람이 있다. 그들은 파를 내면 버디를 잡을 기회를 놓쳤다고 투덜댄다. 전반 9홀에서 38타를 날리면 36타 슈팅을 놓쳤다고 불평한다. 이상하게도 좋은 날씨에 좋은 사람들과 어울려 골프를 즐기면서도 끝없이 불평불만을 늘어놓으며 스스로를 불행하게 만든다.

냉소적인 안경을 쓰든 장밋빛 안경을 쓰든 그 선택은 여러분에게 달려 있다. 오직 여러분만이 당신이라는 1인 기업이 '세상을 보는 눈'을 결정한다. 그러면 '자세'가 당신이라는 1인 기업의 가치에 어떤 영향을 미치는지 살펴보자.

자세란?

자세란 '생각과 세상을 보는 마음을 여과하는 장치'라고 정의할 수 있다. 사람은 보통 하루에 5만 가지 이상의 생각을 하는데, 자세가 부정적인 사람은 세상을 어둠과 파멸이 사는 어둡고 험악한 곳으로 본다. 반면 자세가 긍정적인 사람은 세상을 놀라움과 기회가 넘치는 밝고 희망찬 곳으로 본다.

그러면 '긍정적 혹은 좋은 자세'와 '부정적 혹은 나쁜 자세'란 무엇을 의미하는 것일까? 먼저 자세가 좋은 사람과 자세가 나쁜 사람의 성향을 살펴보자.

좋은 자세와 나쁜 자세

자세가 좋은 사람은 실수했을 때 그것을 책임진다.
자세가 나쁜 사람은 실수했을 때 다른 사람을 비난한다.
자세가 좋은 사람은 어떤 결과를 얻는다.

자세가 나쁜 사람은 어떤 결과를 얻지 못하고 이를 변명한다.
자세가 좋은 사람은 '합시다'라고 말한다.
자세가 나쁜 사람은 '해'라고 말한다.
자세가 좋은 사람은 인생을 즐길 만한 모험으로 본다.
자세가 나쁜 사람은 인생을 견뎌내야 할 심판대로 본다.
자세가 좋은 사람은 장미꽃을 본다.
자세가 나쁜 사람은 장미덩굴의 가시를 본다.

여러분은 자세가 좋은 사람과 일하고 싶은가, 아니면 자세가 나쁜 사람과 일하고 싶은가? 나아가 여러분은 어떤 자세를 지니고 싶은가?

자세의 중요성을 보여주는 실제 사례

좋은 자세가 왜 중요한지, 그것이 여러분의 정당한 효용가치를 올리는 데 얼마나 필수적인지 알게 해주는 사례를 살펴보자. 다음의 사례는 좋은 자세는 비극마저 이겨내게 한다는 진리를 일깨워 준다.

아폴로 13호의 위기

1970년 달을 정복한 아폴로 13호가 항해 도중 폭발하기 시작했을 때, 승무원들이 얼마나 커다란 위험에 직면했는지 기억하는 사람은 드물다. 달로 향하던 중 아폴로 13호는 산소탱크가 폭발하면서 통제시스템으로 가는 전류가 차단되는 위기를 맞았다. 세 명의 승무원은 구조될 희망도 없이 지구에서 16만 킬로미터나 떨어진 우주공간에 갇혀 꼼짝달싹할 수 없는 처지였다.

처음 폭발 이후 몇 분 만에 우주선 내의 시스템이 하나씩 고장 났고 상황은 갈수록 악화되었다. 휴스턴의 관제탑에서는 수십 명의 과학자가 충격과 경악 속에서 계기판을 지켜보고 있었다. 그때 우주비행 책임자 진 크란츠의 신속한 작업으로 장비가 하나씩 켜지기 시작했고 그들은 하나로 뭉쳐 일을 처리했다. 크란츠는 놀라 어쩔 줄 모르는 과학자들을 다독이고 공포에 짓눌린 승무원들에게 결정적인 한마디로 마음의 안정을 찾게 했다.

"우주선에서 현재 온전한 곳은 어디인가?"

이 질문은 무엇이 고장 났는가 대신 무엇이 작동되는가를 생각하게 만들었고, '이젠 끝장이다'라는 자세를 '최선을 다해 임무를 수행하자'는 자세로 바꿔놓았다.

승패를 가르는 사명선언서

'우주선에서 현재 온전한 곳은 어디인가?'라는 질문은 좋은 자세를 위한 사명선언서 역할을 했다. 이 한마디는 아폴로 13호 내의 승무원들이 문제가 아닌 해결책을 바라보게 만들었다.

이 이야기는 긍정적 자세가 특히 위기의 순간에 중요한 정도가 아니라 절대적임을 잘 보여준다. 우리 앞에 놓인 위기가 재정적인 것이든 감정적인 것이든 긍정에 초점을 맞추면 우리는 패자가 아닌 승자가 될 수 있다.

에디슨의 놀라운 발명

에디슨이 예순일곱 살이었을 때, 그의 공장은 지난밤의 화재로 완전히 타버렸고 평생을 바친 결과물이 연기로 사라졌다. 엎친 데 덮친 격으로 200만 달러가 넘는 손해액에도 불구하고 지불받는 보험금은 겨우 23만 8,000달러에 불과했다. 다음 날 아침 에디슨은 폐허가 된 공장을 둘러보며 생각에 잠겼다. 직원들과 가족의 위로 속에서 아무 말 없이 걷기만 하던 에디슨은 이윽고 사람들에게 말했다.

"여러분, 재난 속에는 커다란 가치가 숨어 있습니다. 보십시오,

어젯밤에 우리의 모든 것이 연기로 사라졌습니다. 우리가 새롭게 시작하도록 해준 신께 감사드립시다."

만약 에디슨이 부정적인 사람이었다면 그는 화재를 핑계로 삼아 연구를 중단했을 테고, 그랬다면 우리는 에디슨의 최대 발명품을 잃었을 것이다. 화재가 발생하고 나서 3주일 만에 에디슨은 수백만 명에게 기쁨을 줄 혁신적인 발명을 했다. 그것은 바로 세계 최초의 축음기다!

희망을 보라

〈오클라호마〉, 〈왕과 나〉 등 수십 편의 고전 뮤지컬을 제작한 미국의 서정시인 오스카 해머스타인은 긍정적인 자세의 힘에 대해 이렇게 말하고 있다.

"비록 세상은 갈등과 불공평으로 가득 차 있지만 추악함이 있기에 아름다움도 있는 것이다. 그래서 나는 아름다운아침을 노래하는 것은 빈민가 문제를 논의하는 것만큼이나 중요하다고 생각한다. 만약 희망이 없었다면 나는 아무것도 쓸 수 없었으리라."

현실에서도 강했던 슈퍼맨

영화 〈슈퍼맨〉에서 주인공으로 열연한 크리스토퍼 리브는 여러 측면에서 현실 속에서도 슈퍼맨이었다. 그는 탁월한 스키선수에 전용제트기를 모는 강인한 사람으로 사고가 나기 전까지는 늘 건강미가 넘쳐흘렀다. 그러나 1995년 5월 27일, 승마 점프 이벤트에서 비극이 발생한 뒤 모든 것이 바뀌고 말았다. 리브가 말을 타고 울타리를 넘으려 할 때 갑자기 말이 멈췄고, 점프를 위해 몸을 앞으로 기울이고 있던 리브는 말의 목을 넘어 땅으로 굴러 떨어졌다. 이때 척추를 크게 다치면서 전신이 마비되었고 호흡기 없이는 숨을 쉬는 것조차 어려웠다.

새로운 삶

멀쩡하던 사람이 갑자기 전신마비로 누우면 누구도 더는 살고 싶지 않을 것이다. 사고 이후 리브도 한동안 모든 것을 포기하고 싶어 했다. 그러나 가족과 친구들의 극진한 사랑과 보살핌에 감동한 그는 마음을 바꿔 주어진 상황을 최대로 활용하기로 했다.
그 후 그는 자신의 한계보다 할 수 있는 것에 초점을 맞췄고 척추 손상을 입은 사람들을 치료하기 위한 기금을 모으는 데 앞장섰다. 그는 "나보다 불행한 사람들을 돕는 데 인생을 바치고 싶다. 내가 긍정적인 영향을 주는 위치에 서게 된 것을 행운으로 생각한다"라고 말했다.

이런 사례를 볼 때마다 나는 여러분에게 묻고 싶다. 에디슨이 모든 것을 잃는 재난 속에서 좋은 점을 발견하고 리브가 인생을 뒤바꿔놓은 비극에도 꿋꿋하게 버텨냈다면, 사람들이 일상생활의 사소한 사건에 불평하고 푸념하는 것을 어찌 정당하다고 볼 수 있겠는가? 사람들이 교통체증이나 쓰레기를 치우는 일처럼 작은 불편에 화를 내고 좌절하는 것을 보면 놀랍지 않은가?

안타깝게도 매우 많은 사람이 일상의 작은 일에 집착하며 삶의 통찰력을 잃어버린 채 살아가고 있다.

사물에 대한 올바른 통찰력

현실이 고달프고 힘들다고 생각하는가? 운이 없다고 생각하는가? 대체 무엇과 비교해서 혹은 누구와 비교해서 그렇다는 말인가?

살다 보면 폭풍우를 만난 듯 힘들고 어려운 시기를 겪기도 한다. 물론 우리가 바람의 방향을 바꿀 수는 없다. 그렇지만 항로는 조정할 수 있다.

올바른 통찰력으로 스스로에게 솔직하라. 맥도날드 햄버거 집에서 일하는 홀어머니가 1915년 시카고 임시수용소에서 일한 이주민 부인보다 정말로 더 고생스러운가? 기업 구조조정으로 해고 당하는 것이 서부 시대의 오클라호마 농부보다 더 열악한 상황이라고 생각하는가?

물론 인생은 불공평하다. 좋은 사람에게 나쁜 일이 일어나기도 한다. 그렇다고 넋두리를 늘어놓는 것은 하등 도움이 안 된다. 오히려 푸념은 상황을 좋지 않게 만든다. 푸념은 긍정적인 것을 추구하기보다 부정적인 것에 더 마음이 쏠리도록 만들기 때문이다.

더 나아지는 쪽을 택하라

옛 속담에 "더 나아지거나 아니면 더 괴로워지거나 둘 중 하나다"라는 말이 있다. 나는 언제든 더 괴로워지기보다 더 나아지는 쪽을 택할 것이다. 여러분은 어떠한가?

사실은 우리가 통제력을 발휘할 수 없는 것이 아주 많다. 가령 우리는 키를 마음대로 조정할 수 없다. 눈의 색이나 피부색도 통제할 수 없다. 이러한 특성은 본인의 의지와 상관없이 타고난다. 그러므로 어떠한 노력에도 도저히 바꿀 수 없는 유전적 요소는 그냥 받아들이는 것이 낫다.

통제가 가능한 것

다행히 우리는 자신의 자세를 선택할 수 있다. 마음의 양식을 얻고자 책을 읽을지, 아니면 TV를 볼지도 선택할 수 있다. 우리는 친구를 선택할 수 있다. 또한 어떤 사람에게 배울지, 어떤 사람을 본받을지, 어떤 사람을 무시할지 선택할 수 있다.

어떤 현자가 말했다.

"친구는 당신의 비전을 키워주거나 아니면 좌절감을 안겨줄 것이다."

따라서 여러분은 친구를 신중하게 선택해야 한다.

좋은 사람과 어울려라

성공하는 회사가 이사회를 신중하게 구성하듯, 당신이라는 1인 기업의 이사회 멤버도 신중하게 선택해야 한다. 여러분은《포춘 Fortune》선정 500대 기업이 자기 문제를 항상 남 탓으로 돌리는 골치 아픈 주정뱅이를 이사회에 앉힐 거라고 생각하는가? 절대 그렇지 않다. 성공하는 회사는 회사를 더 좋게 만들 만한 기본적인 능력과 소양을 갖춘 사람을 찾는다.

당신이라는 1인 기업도 마찬가지다. 자세가 형편없는 사람과 어울리면 여러분의 자세도 점점 형편없게 변한다. 여러분이 주정뱅이나 실패자와 어울리는 것이 여러분에게 어떤 도움을 줄까? 리빙 바이블(The Living Bible)의 잠언 28장에 보면 이런 말이 나온다.

"거울은 그 사람의 얼굴을 비추고, 친구는 그 사람이 어떤 인물인가를 비춘다."

내 어머니도 내게 "네가 누구와 사귀는지 말해주면 네가 어떤 아이인지 말해주겠다"라는 말씀을 수없이 하셨다. 여러분은 여러분이 어울리는 사람과 같은 사람이 된다. 그러므로 좋은 사람이 되고 싶다면 좋은 사람과 어울려라.

해를 끼치는 사람을 멀리하라

여러분이 당신이라는 1인 기업의 가치를 극적으로 높이고 싶다면 친구를 신중하게 선택해야 한다. 특히 자세가 부정적이고 나쁜 습관이 있는 친구는 멀리하는 것이 좋다. 자세가 나쁜 사람은 마치 유해화학물질을 피하는 것처럼 대해야 한다.

물론 여러분은 사랑하는 사람들이 성장하도록 최선을 다해 도와야 한다. 그렇다고 자세가 나쁜 사람과 영원히 함께해야 하는 것은 아니다. 자세가 나쁜 친구와는 적게 어울리고, 자세가 좋은 친구와는 더 많이 어울려야 한다.

중요한 사람

인생에 연습은 없다. 삶은 오직 한 번만 주어지는 기회다. 따라서 긍정적인 자세로 여러분의 인생과 당신이라는 1인 기업의 모든 것을 스스로 일궈 나가야 한다. 여러분의 친구가 술집에 앉아 업무를 보거나 머리를 쓰지 않는 것은 어디까지나 그들의 문제다. 여러분은 다르게 살아야 한다. 미국 역사상 최고의 세일즈맨이자 긍정적 사고의 힘을 믿는 W. 클레멘트 스톤은 자세의 중요성을 이렇게 요약한다.

"사람은 저마다 약간씩 다른데, 그 약간의 다른 점이 커다란 차이를 만든다. 여기서 약간의 다른 점이란 자세의 차이를 말하고, 커다란 차이는 자세가 긍정적이냐 부정적이냐를 의미한다."

이쯤에서 〈중요한 사람〉이라는 작자 미상의 시 한 편을 살펴보자. 이 시는 짧지만 자세와 관련해 이야기해야 할 모든 것을 잘 요약하고 있다.

중요한 사람은 훌륭한 업적을 쌓는다.
중요한 사람은 필요한 친구임을 입증한다.
중요한 사람은 아름다운 노래를 부른다.
중요한 사람은 하루 종일 미소를 짓는다.

중요한 사람은 인생을 긍정적으로 받아들인다.
중요한 사람은 남에게 베푸는 것을 기쁘게 생각한다.
중요한 사람은 과감하게 도전할 줄 안다.
중요한 사람은 자기 권리를 지킬 줄 안다.
이 중요한 사람이 당신인가?

원칙 6
생산적인 습관

| 원칙 6 | 생산적인 습관 |

승리는 습관이다.

안타깝지만 패배 역시 습관이다.

- 빈센트 롬바르디, 미식축구 감독 -

나는 《그래서 그들은 바다로 갔다》(The Firm), 《펠리컨 브리프》(The Client and Pelican Brief) 등의 책을 쓴 존 그리샴을 좋아한다. 오늘날 그는 기록적인 성공으로 백만장자가 되었지만, 그 명성과 부를 얻기까지 그야말로 먼지투성이의 자갈길을 걸어왔다.

해야 할 이유 발견하기

전업 작가가 되기 전, 변호사로 일한 그리샴은 대다수의 성공한 변호사와 마찬가지로 사무실에서 주당 60시간이나 80시간을 일했다. 그러나 그가 진심으로 원한 것은 소설을 쓰는 일이었다. 물론 그리샴에게는 '창조적인 집필 경험'이 없다는 것, 아내와 두 아이를 위해 돈을 벌어야 한다는 것, 하루에 10시간을 일하느라 시간이 없다는 것, 엄청난 스트레스를 받는다는 것 등 글을 쓸 수 없는 핑곗거리가 아주 많았다. 그는 자신이 소설을 쓸 이유를 찾거나 아니면 쓰지 못할 이유를 찾을 수 있음을 알고 있었다. 두 가지 선택 중 다행히 그리샴은 소설을 쓸 이유를 선택했다. 이후 습관을 바꾼 그는 평소보다 일찍 일어나 소설을 쓰기 시작했다. 낮에는 짬이 없으니 매일 두 시간 정도 일찍 일어나는 습관을 들였던 것이다. 그로부터 1년 후 그리샴은 첫 저서 《타임 투 킬(A Time to Kill)》을 완성했다.

입소문의 위력

그런데 한 가지 문제가 생겼다. 출판사에서 그의 원고를 거절했던 것이다. 첫 번째, 두 번째, 세 번째… 그리샴은 스물여섯 번째 출판업자가 '좋다'고 말할 때까지 계속 출판사의 문을 두드렸다. 그렇게 끈기 하나로 간신히 책을 냈으나 출판업자 역시 확신이 없었던 터라 겨우 5,000부만 인쇄했다. 그마저도 다 팔 수 있을지 자신이 없는 상태였다.

그리샴은 스스로 책을 광고하기로 마음먹었다. 그는 자기 책을 1,000부나 구입해 주말마다 가까운 거리에 있는 서점, 도서관, 클럽 등을 돌아다니며 책을 팔았다. 다행히 책을 읽은 독자들이 서서히 주변에 권하기 시작했다. 입소문이 퍼져 나갔던 것이다. 결국 그리샴이 주말마다 책을 광고한 지 1년 만에 그의 첫 소설은 베스트셀러 목록에 올랐고 이는 100주일이나 이어졌다.

지금까지 그리샴의 첫 소설은 1,000만 부 이상 팔려 나갔다. 이제 출판사와 할리우드 영화계는 그리샴이 첫 줄을 쓰기도 전에 새 책 선 저작권료를 수백만 달러나 지불하고 있다.

습관을 바꾸면 인생도 바뀐다

그리샴은 습관을 바꿔 자신의 꿈을 이뤘다. 그는 원하는 일을 하려면 기존의 습관을 바꿔야 한다는 것을 알았고, 결국 잠자는 습관을 바꿔 원하던 것을 이루었다. 여러분은 평소보다 두 시간 일찍 일어나 평생의 꿈을 이뤘다는 사실을 어떻게 생각하는가? 잠자는 시간을 두 시간 줄여 생산적으로 활용하면 어떤 결과를 얻을지 생각해보라. 하루 두 시간 일찍 일어나면 평생 4개월의 생산적인 시간을 벌 수 있다. 매일 30분만 일찍 일어나도 매년 한 달의 여유시간이 생긴다.

매일 조금 일찍 일어나는 것만으로도 인생에 커다란 변화가 일어난다. 존 그리샴의 사례는 그 사실을 생생히 보여주고 있다.

습관이 미래를 결정한다

언뜻 습관은 삶에 도움을 주는 사소하고 그리 해롭지 않은 일상적인 행위로 보인다. 특히 스트레스를 받을 때 예측이 가능한 습관은 우리를 편안하게 해준다. 그렇다고 모든 습관이 사소하고 그리 해롭지 않은 것은 아니다. 우리가 누구이고 어떤 사람이 되는가는 결국 좋은 습관과 나쁜 습관, 생산적인 습관과 비생산적인 습관 그리고 큰 습관과 작은 습관의 총합에 달려 있다. 어떤 현자가 말했다.

"사람이 자기 미래를 결정하는 게 아니다. 사람은 습관을 결정하고 습관이 그들의 미래를 결정한다."

존 그리샴은 매일 아침 두 시간 일찍 일어나 출근하기 전에 글 쓰는 습관을 들였다. 그리샴은 더 이상 출근하지 않는다. 지금 그는 변호사 시절에 벌던 수입의 100배를 벌면서 자신이 좋아하는 일을 하고 있다. 이 모든 것은 작고 일상적이며 생산적인 습관에서 비롯되었다.

습관의 의미

웹스터 사전은 습관을 '저절로 나오는 행동이라 깨뜨리기 힘든 행동양식'으로 정의한다. 불행히도 대다수가 습관을 부정적 의미로 보는데 이는 '깨뜨리기 힘든'이라는 부분에 집중하기 때문이다.

더구나 우리는 '습관' 하면 보통 흡연, 음주, 마약복용 습관 등을 연상한다. 그러나 습관이 반드시 나쁘거나 비생산적인 것은 아니다. 분명 좋고 생산적인 습관을 지키는 사람도 많고, 그들은 그 반대의 경우보다 쉽게 성공하고 인생을 보다 잘 통제하며 살아간다.

성공하는 사람들의 공통적인 행동을 몇 년간 연구한 스티븐 코비는 그 내용을 《성공하는 사람들의 7가지 습관》에 담아냈다. 코비는 효과적인 습관의 엄청난 위력과 함께 그러한 습관을 배우거나 다른 사람에게 가르칠 수 있다는 것을 알린 최초의 인물이다.

틀에 박힌 습관

내 친구 중 하나는 캐나다 극지방의 미개발 지역으로 자주 사냥 여행을 다닌다. 매년 6월이 오면 그 친구와 몇몇 동행자는 4륜 트럭을 끌고 극지방으로 향하는데, 그곳은 왕래하는 사람이 드물어

길이 좁고 비포장이었다. 특히 6월이면 눈이 녹으면서 차량이 진흙탕 길에 깊은 바큇자국을 만들어 놓았다. 짧은 여름이 끝나갈 무렵 바큇자국은 깊이 파였고 그 상태에서 긴 겨울이 찾아오면 바큇자국이 그대로 얼어붙었다. 바큇자국이 하도 깊이 파여 공원 관리사무소에서는 입구에 이런 팻말을 붙여놓는다고 한다.

'운전자 여러분, 일단 하나의 바큇자국을 선택하면 앞으로 32킬로미터를 계속 따라가야 합니다. 그러니 선택에 유의하시기 바랍니다.'

우리의 습관도 극지방 도로의 움푹 파인 바큇자국과 같다. 들어가기는 쉬워도 나오기는 대단히 어려운 것이다. 그럼에도 불구하고 우리가 흔히 '틀에 박힌 습관'이라고 말하는 반복적이고 비생산적인 습관에 빠져드는 사람이 매우 많다. 분명히 말하지만 생산적인 습관을 선택하는 것이 장기적으로 유리하다. 또한 나머지 인생을 위해 습관을 신중하게 선택해야 한다.

자산이 되는 습관, 부채가 되는 습관

여러분은 '당신이라는 1인 기업'의 설립자이자 사장으로서 장, 단기적 가치를 높여줄 생산적인 습관을 들일 책임이 있다. 더구나 그 습관은 당신이라는 1인 기업의 자산 혹은 부채가 될 수 있으므로 반드시 생산적인 습관에 집중하고 비생산적인 습관은 생산적인 습관으로 바꿔 나가야 한다.

예를 들어 여러분이 회사에서 중요한 직책을 담당할 신입사원을 선발하는 고용주라고 해보자. 그러면 여러분은 신입사원에게 어떤 습관이 있기를 바라는가?

자기 시간을 현명하게 관리할 줄 아는 직원을 원하는가? 아니면 마지막 순간까지 일을 미뤄 항상 마감시간을 놓치는 직원을 원하는가?

틈나는 대로 전문저널이나 자기계발 도서를 읽는 습관이 있는 직원을 원하는가? 아니면 잠들 때까지 TV만 보는 습관이 있는 직원을 원하는가?

고객에게 최고의 서비스를 제공하는 신중하고 예의바른 습관이 있는 직원을 원하는가? 아니면 고객에게 신경질적이고 퉁명스럽게 대하는 습관이 있는 직원을 원하는가?

어떤 고용주든 자신의 능력을 제한하거나 자기 파괴적인 습관이 있는 직원보다 훌륭한 습관, 생산적인 습관이 있는 직원을 더 좋아한다.

나쁜 습관을 좋은 습관으로 바꿔라

역사상 가장 성공적인 인물들은 자신의 생산성을 저해하는 습관이 아니라 생산성을 높이는 습관을 들였다. 만약 링컨, 포드, 에디슨이 살아 있다면 그들이 일을 마치고 집에 돌아와 TV 앞에 앉아서 잠들기 전까지 리모컨이나 만지작거리고 있을 것 같은가?

우리에게는 각자의 노력을 생산적인 습관으로 만들 능력이 있다. 당신이라는 1인 기업의 가치를 극적으로 높이려면 생산적인 노력을 새로운 습관으로 만들고 나쁜 습관을 좋은 습관으로 바꿔야 한다.

좋은 습관 기르기

칼럼니스트 아비가일 반 버렌은 나쁜 습관에 대해 이렇게 말했다.

"나쁜 습관은 저절로 없어지지 않는다. 그것은 당신 스스로 통제해 없애야 한다."

이 말처럼 나쁜 습관은 깨뜨리기가 매우 어렵다. 이런 이유로 내가 사람들에게 나쁜 습관을 깨뜨리는 데 시간과 노력을 들이라고 권하지 않는 것이다. 나는 비생산적인 습관에서 벗어나려 애쓸 것이 아니라, 비생산적인 습관을 생산적인 습관으로 바꿀 것을 권한다.

가령 출퇴근길에 차 안에서 음악을 듣는 대신 시간관리나 화술에 관한 오디오 학습교재를 듣는 것이 보다 생산적인 습관이다. 이렇듯 습관을 바꾸는 것은 그리 어려운 일이 아니다. 그리고 새로운 습관은 여러분을 더욱 현명하고 지혜롭게 만들어준다.

먼저 습관을 조사한다

비생산적인 습관을 생산적인 습관으로 바꾸는 첫 단계는 자신의 습관을 아는 일이다. 즉, 여러분의 습관이 인생에 어떤 영향을 미치고 있는지 알아야 한다. 예를 들어 존 그리샴은 자신의 습관이 평생의 꿈을 이루는 데 도움이 되지 않는다는 것을 알고 어떻게 하면 꿈을 이룰 습관을 들일지 궁리했다. 그 결과 그는 매일 아침 일찍 일어나 글을 쓰는 습관을 들였다.

마찬가지로 습관에 대한 인식을 높이는 최선의 방법은 존 그리샴처럼 조용히 앉아 자신의 습관을 조사하는 것이다. 어떤 습관이 여러분을 앞으로 나아가게 하고, 또 어떤 습관이 뒷걸음치게 만드는지 생각해보라. 그런 다음 여러분의 꿈과 목표를 달성하는 데 도움을 줄 습관을 찾아보라. 마지막으로 비생산적인 습관을 생산적인 습관으로 대체할 기회를 찾아라.

생산적인 습관과 비생산적인 습관

다음은 일반적인 습관 몇 가지를 비생산적인 습관과 생산적인 습관으로 비교한 목록이다.

비생산적인 습관	여유시간에 TV 앞에 앉아 리모컨을 만지작거리며 시간을 보낸다.
생산적인 습관	여유시간에 지식수준을 높이고 기술을 습득할 책을 읽는다.
비생산적인 습관	통장에 돈이 없는데도 카드로 물건을 구입한다.
생산적인 습관	현금 한도 내에서 계획적으로 지출한다.
비생산적인 습관	배가 고플 때마다 닥치는 대로 먹는다.
생산적인 습관	식사 사이에 과일이나 신선한 야채를 먹는다.
비생산적인 습관	술과 담배로 스트레스를 해소한다.
생산적인 습관	운동으로 스트레스를 관리한다.
비생산적인 습관	늘 늑장을 부리고 마지막 순간까지 일을 미룬다.
생산적인 습관	늘 중요한 프로젝트를 대하듯 일하고 일을 그때그때 처리한다.

만약 예순 살에 은퇴해 일하지 않고도 안락한 노후를 보내고 싶다면 매달 저축하는 습관을 들여야 한다. 그 꿈을 실현하기 위해

서는 현명하게 계획하고 성실하게 저축하는 습관이 있어야 한다. 비생산적인 지출 습관을 버리지 않으면 절대로 그런 꿈을 이룰 수 없다.

좋지 않은 시간관리 습관

최근 《USA 투데이》가 실시한 설문조사 결과를 보면 많은 사람이 인생에서 우선순위로 삼는 것이 매우 부정적인 것으로 나타났다. 이를테면 미국의 성인은 노후를 위한 계획보다 의류 쇼핑에 16배나 많은 시간을 소비한다. 노후 계획에 1년에 10시간 미만을 사용하고 옷을 고르는 데 145시간 이상을 사용한다는 얘기다. 이것은 좋지 않은 시간관리 습관이다.

대규모 호텔 관리하기

필라델피아의 한 작은 호텔에서 근무하는 조지는 열심히 노력해 대규모 호텔의 최고경영자까지 올라가겠다는 야심 찬 꿈을 꿨다. 처음 호텔에 취직해 사원연수를 받을 때, 그는 호텔사업에서 성공하는 비결은 어떤 상황에서든 손님을 최우선으로 하는 것이라고 생각했다. 이 생각에 따라 그는 두 가지의 평생 습관을 들이

기로 마음먹었다.

첫째, 호텔사업에 관한 모든 것을 배우고 익히는 습관을 들인다.

둘째, 모든 고객의 요구를 신속하고 예의 바르게 처리하고 있는지 확인하는 습관을 들인다.

이 두 가지 습관을 들인 덕분에 호텔 경영자들 사이에 이름이 알려진 조지는 매니저까지 올라갔다.

최선의 배려

어느 쌀쌀하고 비가 오는 날 밤, 조지가 야간근무를 하고 있는데 점잖게 차려입은 노부부가 호텔 로비로 들어왔다. 신사는 무척 곤란한 표정으로 예의 바르게 말했다.

"젊은이, 이 험한 날씨에 큰 호텔을 모두 돌아봐도 방이 없더군. 아내와 나는 방이 꼭 필요하다네. 우리에게 방을 내줄 수 있겠는가?"

조지는 그날 그 지역에서 세 개의 대규모 컨벤션이 열리는 바람에 시내에 빈 방이 없다고 설명했다. 그들이 실망스런 눈길로 돌아서려 할 때, 그는 문득 모든 고객의 요구를 신속하고 예의 바르게 처리하고 있는지 확인하는 자신의 습관을 떠올렸다. 그는 어깨가 축 처져 막 나가려고 하는 노부부를 불렀다.

"죄송합니다만, 두 분을 새벽 한 시에 빗속으로 나가게 할 수는 없군요. 우리 호텔엔 빈 방이 하나도 없지만 괜찮다면 제 방이라도 내드리겠습니다."

노부부가 그의 제안을 사양하자 조지는 자신은 내일 아침까지 일해야 해서 방이 필요치 않다며 한사코 권했다.

"어차피 내일 아침까지 비워두어야 할 방입니다. 제 방에서 이 춥고 험한 날씨를 피하세요. 이것이 이 궂은 날씨에 제가 두 분께 해드릴 수 있는 최선입니다."

작은 성의에 대한 대가

다음 날 아침 그 노신사는 미소를 지으며 조지에게 상당한 팁을 쥐어주면서 말했다.

"젊은이, 자네는 미국에서 가장 큰 호텔을 경영할 만한 인물일세. 언젠가 내가 하나 지어주겠네."

조지는 깜짝 놀라 부부를 쳐다보았고 세 사람은 노신사의 농담에 한바탕 웃음을 터뜨렸다. 노부부의 짐을 길까지 날라준 조지는 택시가 올 때까지 노부부와 유쾌한 대화를 나눴다.

그로부터 2년이 흐르는 동안 조지는 그날의 일을 까맣게 잊고 자기 일에 매진하고 있었다. 물론 조지는 훌륭한 자세와 업무습관 덕분에 빠른 속도로 승진했으나 그에 만족하지 않았다. 이제 어느 정도 호텔 경영을 터득했기에 좀 더 높은 곳으로 오르고 싶었던 것이다.

어느 날 그는 뉴욕 시의 소인이 찍힌 편지 한 통을 받았다. 그 편지는 비 오는 날 조지의 방에서 숙박한 노신사가 보낸 것으로 그는 자신을 만나러 와달라고 부탁했다. 편지봉투 안에는 뉴욕 시까지의 왕복비행기표가 들어 있었다.

조지가 그를 찾아가자 노신사는 끝없이 질문을 했다. 출신지가 어디인지, 호텔 사업에 얼마나 종사했는지, 만약 큰 호텔을 경영한다면 어떻게 할 것인지, 목표는 무엇인지 등을 물었던 것이다. 조지는 질문에 정중하게 대답했고 자신에게 관심을 보여준 것에 진심으로 감사를 표했다.

현실이 된 꿈

이윽고 노신사는 조지를 뉴욕 중심가의 한 거리로 데려갔다. 그 곳에는 거대한 궁전처럼 으리으리한 건물이 하늘을 찌를 듯 서 있었다.

"저것이 바로 자네에게 경영을 맡기려고 내가 지은 호텔일세."

조지는 그 말을 농담으로 받아들이고 박장대소를 터뜨렸다. 그러자 노신사가 미소를 지으며 말했다.

"젊은이, 나는 지금 농담을 하는 게 아니라네. 이 호텔은 우리 가문의 이름을 따서 월도프 아스토르라고 지었다네. 자, 자네가 이 호텔의 첫 경영자일세. 축하하네."

그 노신사는 다름 아닌 미국 최대 부호의 상속자 윌리엄 월도프 아스토르였다. 그리고 그 젊은이는 당시 최고 호텔의 첫 경영자가 된 조지 C. 볼트였다. 오늘날에도 월도프는 작은 스위트룸이 하룻밤 숙박에 350달러나 하는 세계 최고의 호텔이다!

생산적인 습관은 좋은 열매를 맺는다

오늘의 습관이 즉시 열매를 맺는 것은 아니다. 열매가 맺히고 또 그것이 익으려면 몇 년이 걸린다. 분명한 것은 생산적인 습관은 생산적인 결과를 낸다는 것이다.

만약 조지가 자기 업무를 열심히 익히고 모든 기회를 활용하는 생산적인 습관을 들이지 않았다면 어땠을까? 만약 조지가 모든 고객의 요청을 충족시키는 생산적인 습관을 들이지 않았다면 어땠을까? 아마 그는 최고급 호텔의 경영자가 될 수 없었을 것이다.

여하튼 조지는 생산적인 습관을 선택했고 결과로 달콤한 열매를 거두었다. 마찬가지로 여러분도 일상적인 활동을 어떤 생산적인 습관으로 바꿀지 결정해야 한다.

생산적인 습관을 선택하라

오직 여러분 자신만이 여러분의 습관을 책임질 수 있다. 습관을 선택해 익히고 그 열매를 거둘 사람은 바로 여러분 자신이다. 중요한 것은 '당신이라는 1인 기업'을 위해 들이는 습관이 부채가 아니라 자산이어야 한다는 점이다.

습관 선택은 사실 시간 사용법을 선택하는 일이라고 할 수 있다. 시간은 한 번 흘러가면 다시는 돌아오지 않으므로 물질적인 것보다 더 가치 있는 자산이다. 그런데 왜 그토록 많은 사람이 시간을 당연시하며 아무 의미도 없는 일로 시간을 낭비하는 것일까?

TV 중독

여러분은 평균적인 미국 남성이 주당 28시간을 TV 앞에서 낭비한다는 사실을 알고 있는가? 전 국민을 따져보면 아마 TV 앞에서 낭비하는 시간이 엄청날 것이다. 그렇다고 그들이 교육방송이

나 시사 및 교양 프로그램을 즐겨 보는 것도 아니다.

만약 어떤 사람에게 매일 밤 네 시간 동안 TV를 보는 습관이 있다면, 그는 매달 백 시간 이상을 비생산적으로 낭비하는 셈이다. 이 시간에 새로운 기술을 배운다면, 외국어를 배운다면, 운동을 해서 건강을 증진한다면 당신이라는 1인 기업의 가치가 얼마나 높아지겠는가!

생산적인 사람에게는 생산적인 업무 습관이 있다. 우리는 모두 똑같은 시간을 부여받지만 어떤 사람은 다른 사람이 전 생애 동안 성취한 것보다 많은 것을 1년 안에 이룬다. 이 차이를 곰곰이 생각해보라.

습관은 운명과 연결되어 있다
습관이 보여주는 진실은 간단명료하다.
습관을 통제하면, 경제력을 통제할 수 있다.
습관을 통제하면, 건강을 통제할 수 있다.
습관을 통제하면, 시간을 통제할 수 있다.
습관을 통제하면, 대인관계를 통제할 수 있다.
습관을 통제하면, 인생을 통제할 수 있다.
습관은 곧 여러분 자신이다.

만약 여러분에게 승리하는 습관이 있으면 여러분은 승자가 된다. 만약 여러분에게 패배하는 습관이 있으면 여러분은 패자가 된다.

'당신이라는 1인 기업'은 여러분의 생각 습관, 말하기 습관, 시간관리 습관, 행동 습관이 결합된 총합이다. 이것이 긍정적 습관이면 당신이라는 1인 기업을 사람들이 투자하고 싶어 하는 회사로 만들어준다. 반면 그 습관이 부정적이면 그 반대의 상황이 만들어진다.

우리의 습관은 운명과 연결되어 있다. 그 핵심을 짚어주는 작자 미상의 짧은 좌우명을 소개한다.

생각에 주의하라. 생각은 말로 변한다.
말에 주의하라. 말은 행동으로 변한다.
행동에 주의하라. 행동은 습관으로 변한다.
습관에 주의하라. 습관은 성격으로 변한다.
성격에 주의하라. 성격은 운명으로 변한다.

원칙 7
감정을 절제한다

| 원칙 7 | 감정을 절제한다 |

용기란 두려움이 없는 게 아니라
두려움에 맞서 이겨내는 것이다.
- 마크 트웨인, 미국 소설가이자 풍자가 -

요즘에는 새로운 만남을 이유로 배우자 곁을 떠나는 남편이나 아내의 이야기가 심심찮게 들려온다. 그것도 직접 만난 것이 아니고 인터넷에서 채팅을 하다가 그런 결정을 내린다.

수백 킬로미터나 떨어진 곳에 있는 두 사람이 사이버 공간에서 만나 현실 세계를 박차고 나선다는 것이 정말 놀랍지 않은가. 어엿한 성인들이 인생을 뒤바꾸는 중요한 결정을 감정적으로 내리는 것은 그야말로 섬뜩한 일이다.

감정적인 결정

심리치료사나 소설가, 종교철학자 등 인간의 본성을 연구하는 학자들은 하나같이 인간이 감정에 기초해 의사결정을 하고 그것을 이성과 논리로 합리화한다고 말한다. 영국의 풍자가이자 시인인 알렉산더 포프는 약 300년 전 이러한 현상을 다음과 같이 표현했다.

"우리의 지배적인 감정은 의지가 되고, 그것은 이성까지 정복한다."

포프는 감정에 기초해 의사결정을 하는 것이 인간의 본성임을 이해하고 있었던 것이다. 좋든 싫든 우리는 어떠한 노력에도 본성까지 바꿀 수는 없다.

감정을 이해하라

그렇다고 우리가 영원히 감정의 지배를 받아야 한다는 얘기는 아니다. 우리는 효과적으로 감정을 절제할 수 있다. 이를 위해서는 먼저 감정을 조절하도록 감정의 힘을 좀 더 이해할 필요가 있다. 감정은 우리의 인생에 얼마나 커다란 영향을 미칠까?

감정은 때로 좋은 쪽으로 영향을 미치지만 대개는 나쁜 쪽으로 영향을 미친다. 감정의 어두운 면은 위대한 소설이나 셰익스피어의 희곡, 역사책, 성경 등 어디에서든 발견할 수 있다. 심지어 국가 전체가 감정적으로 행동한 사례도 있는데 그 대표적인 것이 2차 세계대전 당시의 히틀러와 독일 국민이다. 또한 1990년대의 보스니아 사태는 사람이 감정을 절제하지 못할 때 어떤 재난이 일어나는지 잘 보여준다. 탐욕, 질시, 편견, 미움 같은 감정이 이성 위에 군림하면 우리는 재난을 피할 수 없다.

감정 정복에 실패한 알렉산드로스

고대 역사에서 매우 위대한 인물 중 하나로 꼽히는 알렉산드로스 왕은 재능은 비상했으나 자기감정을 조절하는 데는 실패했다. 스물아홉 살의 나이에 세계를 정복한 그는 어느 면으로 봐도 영리하고 용감하며 야망이 있는 인물이었다. 한데 그에게는 치명적인 결점이 있었다. 자기감정을 다스리지 못했던 것이다. 더 이상 정복할 세계가 없자 깊이 낙담한 그는 술에 빠져 지내다가 서른두 살에 죽고 말았다.

카인이 질투로 동생을 죽인 선사시대부터 알렉산드로스가 절망감을 술로 달래다 세상을 떠난 기원전 4세기까지, 그리고 메넨데즈 형제가 탐욕으로 부모를 살해한 20세기에도 감정적인 결정은 최고의 인물을 최악의 인물로 만들어버렸다.

감정이 낳는 나쁜 결과

여러분의 인생을 돌아보라. 이성보다 감정에 치우쳤던 수많은 결정을 떠올려보라. 학창시절의 철없던 결정이 생각나는가? 물론 10대 시절의 잘못된 결정은 결국 정상으로 돌아갔을 테고, 여러분은 아마 당시를 회상하며 미소를 지을 것이다. 하지만 극단적인 결정이라면 사정이 다르다. 맥주 몇 잔에 취해 차에 뛰어들거나 무면허에 음주운전을 한 학생들은 어찌 되었을까? 분명 비극적인 결말을 맞았을 것이다.

감정을 절제하지 못하고 감정에 따라 행동하면 결국 인생이 뒤바뀌거나 심지어 인생이 끝장날 수도 있다. 안타깝게도 이런 결과는 절대 돌이킬 수 없다. 대표적인 사례로 미국에서 태어나는 아기의 3분의 1을 미혼모가 낳는다는 사실은 감정적인 의사결정이 우리가 죽은 후까지도 영향을 미친다는 것을 알게 해준다. 그 어느 때보다 자유, 유혹, 일탈, 방임에 많이 노출되는 오늘날에는 특히 감정적인 행동의 결과를 인식하고 감정을 절제할 줄 알아야 한다.

감정에 휘둘리지 말고 이성적으로 생각하라

어느 현자가 말했다.

"우리가 저지르는 실수의 절반은 생각해야 할 때 느끼고, 느껴야 할 때 생각하는 바람에 발생한다."

이 말은 우리가 감정을 조절해야 하는 이유를 한마디로 대변한다. 여러분은 직장에서 꾸중을 듣고 머리끝까지 화가 나 사표를 던진 뒤 후회하는 사람을 본 적이 있는가? 기껏 칼로리 높은 음식을 주문하고는 체중을 조절한답시고 다이어트 콜라를 주문하는 뚱뚱한 사람을 본 적이 있는가? 카드 돌려 막기를 하면서도 충동구매로 새 차를 구입한 친구를 본 적이 있는가? 실패할까 두려워 무덤덤하게 평범함에 묻혀 지내는 사람을 알고 있는가?

감정을 효과적으로 조절하지 못하면 이런 삶을 살아간다. 대학에서 범죄학을 전공할 때, 나는 졸업 과제 때문에 관선 변호사 사무실에서 인턴으로 일한 적이 있다. 당시 수차례나 교도소를 방문했는데 그들을 보면서 감정을 절제했다면 그런 처지에 놓이지는 않았을 거라는 생각을 많이 했다.

감정 그 자체는 매우 중요한 존재다

 감정 그 자체가 나쁜 것이 아니다. 오히려 감정은 우리 삶에 아주 중요한 존재다. 여러분은 사랑 없는 삶을 상상할 수 있는가? 열정 없는 삶을 상상할 수 있는가? 자부심 없는 삶을 상상할 수 있는가? 즐거움 없는 삶을 상상할 수 있는가?
 또한 금방이라도 폭발할 것 같은 감정을 마음속에 깊이 감춰두고 살아야 하는 것도 아니다. 실제로 의학적인 연구 결과 사람들이 감정을 드러내지 못하면 심장마비, 뇌졸중, 궤양에 걸릴 위험이 높고 그 밖에 여러 가지 건강상의 문제가 생긴다는 것이 밝혀졌다.
 감정을 느끼는 것은 지극히 정상적인 일이다. 사랑, 질투, 부러움, 노여움의 감정에는 아무 문제가 없다. 건전하기만 하다면 그런 감정은 얼마든지 분출해도 좋다. 신이 우리가 감정을 느끼길 원치 않았다면 애초에 우리에게 감정을 주지는 않았을 것이다.

감정을 유용하게 활용하라

 감정을 절제하라는 것은 느끼거나 표현하기를 그만두라는 의미가 아니다. 단지 어떤 상황에 대해 지나친 반응을 보이거나 감정을 과도하게 억누르지 말라는 얘기다.

감정을 절제하라는 것은 깊이 생각할 시간적 여유를 가져야 한다는 의미다.
감정을 절제하라는 것은 감정이 인생을 업그레이드하도록 확실히 통제하라는 뜻이다.
감정을 절제하라는 것은 감정을 유용하게 활용하라는 말이다.

그러면 한 천재 운동선수가 어떻게 감정을 절제하는 법을 배워 인생을 바꿨는지 그 실화를 살펴보자.

감정 절제하기

또래의 다른 소년보다 체격이 좋고 지구력도 뛰어난 그 소년은 모든 스포츠를 좋아하고 또 잘했다. 아홉 살 시절, 그의 아버지는 소년에게 테니스 라켓을 쥐어주고 근처의 공원에 가서 공을 쳐보게 했다. 처음 테니스를 해본 소년은 그 운동에 홀딱 빠졌고 얼마 지나지 않아 인근 지역은 물론 전국의 또래 아이들을 모두 이길 만큼 성장했다.

열두 살 때 그는 국내 최고의 성인 선수들을 꺾었고, 세계 정상의 프로 선수들과 상금을 다툴 정도로 기량이 뛰어났다. 그런데 한 가지 문제가 있었다. 재능이 뛰어난 소년은 경쟁심이 지나치게 강해 자신은 한 점도 잃으면 안 된다는 강박관념이 있었다. 그 탓에 쉬운 샷을 놓치거나 심판이 주의를 줘 뭔가가 잘못되면 발끈 화를 냈다. 심지어 욕을 하거나 라켓을 집어던지기도 했다. 라켓이 부러질 때까지 네트의 철제기둥을 치는 일도 있었다.

그처럼 그가 성질을 다스리지 못해 경기하기보다 불만을 표시하는 일이 늘어나자 당연히 이길 수 있는 경기까지 지고 말았다. 어느 날 그의 아버지가 아들의 빅 토너먼트 경기를 지켜보고 있었다. 그날도 소년은 소리를 지르고 욕을 하며 라켓을 던지는 등 평소에 하던 식으로 감정을 절제하지 못했다. 그 무례한 행동을 10분 정도 지켜본 아버지는 자리에서 일어나 코트로 걸어가더니 모든 사람에게 선언했다.

"이 경기는 끝났습니다. 제 아들이 졌습니다."

그는 아들에게로 걸어가 그의 라켓을 잡고는 단호한 목소리로 말했다.

"따라와!"

6개월간의 금지령

집에 돌아온 아버지는 라켓을 창고 깊숙이 넣어둔 다음 엄한 목소리로 말했다.

"이 라켓은 앞으로 6개월간 여기 놓아두겠다. 그동안 이 라켓은 물론 다른 라켓에도 손대지 마라."

소년은 절망했다! 테니스가 삶의 전부인데 6개월이나 라켓을 잡을 수 없다니! 10대 소년에게 6개월이란 기간은 성인이 느끼는 6년이나 마찬가지였다. 테니스 없이 앞으로 6개월을 어떻게 지낸다는 말인가.

어느덧 6개월이 흘렀을 때, 아버지는 창고에서 라켓을 꺼내 아들에게 주며 말했다.

"만약 네 입에서 한마디라도 욕이 나오면, 홧김에 한 번이라도 라켓을 집어던지면, 나는 영원히 이 라켓을 빼앗을 것이다. 네가 성질을 다스리든지 아니면 이 라켓을 다스리든지 둘 중 하나를 선택해라."

소년은 테니스를 할 수 있다는 것이 기뻐서 이전보다 더 열심히 운동을 했다. 그 결과 열다섯 살이 되었을 때 순회 프로선수권 대회에서 승리했고 열여섯 살에는 유럽 토너먼트에서 우승했다.

불평불만을 터뜨리는 소년의 변신

토너먼트를 거듭하면서 소년은 점점 태도가 좋아졌고, 매스컴에서는 코트에서 천사처럼 행동하는 그를 '틴 엔젤'로 부르기 시작했다. 아버지가 단호하게 테니스를 금지시킨 이후, 소년은 가장 심하게 스트레스를 받는 상황에서 감정을 절제하는 법을 배웠다. 덕분에 결승전에서 심판에게 억울한 일을 당해도 절도 있게 상황을 처리하는 태도를 보여주었다.

쉬운 경기에서의 첫 포인트든, 긴장감이 팽팽한 최종 경기에서의 마지막 포인트든 그의 표정이나 태도는 한결같았다. 그는 자기감정을 완전히 통제했다. 결국 그는 수많은 전문가가 그때까지의 테니스 선수 중 가장 위대한 선수라고 인정하는 젊은이로 자라났다. 그는 열여덟 살에 첫 윔블던 타이틀을 따냈고 여섯 번이나 프렌치 오픈 타이틀을 지켜냈으며, 열네 개 메이저 우승권자의 타이틀을 거머쥐었다. 여기에다 윔블던 타이틀 5연승의 기록도 보유했다. 한때 테니스계의 망나니로 불리다가 나중에 틴 엔젤로 불린 그는 바로 비욘 보르그다.

감정은 자기 자신이 선택한다

감정은 여러분 자신이 통제해야 한다. 그렇지 않으면 감정이 여러분을 통제하고 만다. 우리 집 아이들이 네다섯 살이던 무렵, 아이들은 화가 나면 아내나 나를 비난하려 했다.

"저녁식사 후에 자전거를 못 타게 해서 화가 나요!"

특히 나단은 자기 뜻대로 되지 않으면 집 안을 쿵쿵거리며 뛰어다녔고, 내가 나무라면 내게 소리를 지르곤 했다. 어떤 경우에는 친구랑 놀다가 화가 나서 했던 행동을 털어놓기도 했다.

"버크가 나한테 욕을 해서 그 집에 공을 던져버리고 왔어요. 정말 화가 났다고요!"

조절이 필요하다고 생각한 나는 아이들에게 그들의 감정을 책임지는 사람은 부모가 아니라는 사실을 설명해주었다. 아이들을 화나게 슬프게 행복하게 혹은 즐겁게 만든 사람은 아무도 없다. 그것은 어디까지나 아이들이 선택한 감정이다. 여러분도 비욘 보르그처럼 자신의 감정적 반응을 통제할 수 있다. 특히 여러분 안에 있는 최고경영자를 발견하려면 감정을 절제하는 방법을 반드시 배워야 한다.

우리를 사로잡는 세 가지의 강한 감정

이제 당신이라는 1인 기업의 생사를 결정지을 힘이 있는 세 가지 감정과 그것이 우리를 위해 일하도록 효과적으로 절제하는 방법을 살펴보자. 그것은 바로 두려움, 근심, 열정이다.

두려움 관리하기

두려움은 인간의 감정 중 가장 강력한 감정이다. 여기서 말하는 두려움은 밤중에 공원을 혼자 걸을 때 느끼는 두려움이 아니라, 미지의 것과 관련된 두려움이다. 즉, 실패와 거절에 관한 두려움이다.

여러분은 두려움을 어떻게 관리하는가? 두려움을 효과적으로 관리하려면 두렵지 않은 척하지 말고 두려움과 정면 대결해야 한다. 솔직히 우리는 모두 때때로 두려움을 느낀다. 인간이기에 그것은 어쩔 수 없는 일이다. 문제는 우리가 두려움을 피하려 하는 데 있다. 어느 현자가 말했다.

"항구에 계속 남아 있는 배는 안전하지만, 배가 그런 용도로 만들어진 것은 아니다."

두려움을 피하거나 위험 감수를 거부하는 것은 두려움을 관리하는 올바른 자세가 아니다. 그러면 오히려 칼자루가 두려움 쪽으로 넘어가 두려움이 여러분을 통제하고 만다. 두려움을 관리하는 가장 좋은 방법은 그것을 이해하고 두려움을 방해요인이 아니라 동기요인으로 활용하는 것이다.

고전 뮤지컬 《마이 페어 레이디(My Fair Lady)》에서 히긴스 교수 역을 맡은 렉스 해리슨은 두려움을 동기요인으로 활용한 대표적인 인물이다. 《마이 페어 레이디》의 촬영이 끝난 뒤 배우들은 2주일간의 휴가를 보낸 후, 앨범용 사운드트랙을 녹음하러 다시 모이기로 했다. 약속한 날 모든 배우가 편한 일상복을 입고 왔지만 해리슨은 영화를 촬영할 때 입던 의상을 그대로 입고 왔다. 제작자가 해리슨에게 다가와 말했다.

"렉스, 뭔가 착각한 모양인데 우리는 노래를 녹음하러 온 것이지 영화를 촬영하러 온 것이 아니라오."

해리슨은 정색을 하고 말했다.

"저도 압니다. 하지만 저는 최선을 다하고 싶어요. 제가 최선을 다하려면 약간의 긴장감이 필요해서 의상과 분장을 갖춘 겁니다."

슈퍼스타도 때론 두려움을 느낀다. 그렇지만 그들은 평범한 배우와 달리 두려움을 관리한다. 해리슨은 자신이 두려움을 느껴 긴장한다는 것을 숨기지 않았고, 오히려 그것을 최선을 다하는 데 활용했다. 감정을 통제하고 절제한다는 것은 바로 이런 자세다.

두려움을 동기요인으로 활용하라

 흔히 성공한 운동선수, 엔터테이너는 보통사람이 느끼는 감정에 어느 정도 면역이 되어 있을 거라고 생각하지만 사실은 그렇지 않다.

 잭 니클라우스가 마스터스 토너먼트에서 4피트 퍼트 위에 서 있을 때, 그의 심장이 요동치지 않을 거라고 생각하는가? 마이클 조던이 동점 상황에서 게임 종료 시간이 임박한 순간 자유투 라인에 서 있을 때 긴장하지 않을 거라고 생각하는가? 톰 행크스가 수십 억 명의 TV 시청자 앞에서 오스카상 수상소감을 말할 때 떨리지 않을 거라고 생각하는가?

 그들도 보통사람이 그런 상황에 처했을 때 느끼는 감정을 똑같이 느낀다. 차이가 있다면 성공한 사람들은 자기감정을 절제하고 그것을 성과를 높이는 동기요인으로 활용한다는 점이다.

 미국 영화계의 퍼스트레이디로 불리는 헬렌 헤이스는 60년이나 배우생활을 했지만, 공연을 앞두면 언제나 가슴이 두근거린다고 털어놓았다.

"이 나이에도 무대 위에 오르면 긴장이 됩니다. 그렇다고 긴장을 방해물로 여기지는 않아요. 나는 두려움을 더 잘하라고 나를 응원하는 친구로 생각하지요."

안전만 추구하는 것이 능사는 아니다

한창 씨앗을 뿌릴 시기에 한 농부가 집 앞에 한가롭게 앉아 있는 것을 보고 지나가던 사람이 물었다.
"밀농사는 잘되고 있습니까?"
"아직 심지 않았소."
"아니, 왜요? 이 지방에서는 밀농사가 잘되는 것으로 알고 있는데."
"비가 오지 않을까 봐 걱정되어 아예 심지 않았죠."
"그럼 옥수수를 심으면 되겠네요."
"그것도 심지 않았어요."
"옥수수도 심지 않았다고요!"
"옥수수 마름병이 돌까 봐 심지 않았죠."
"맙소사! 그럼 무얼 심었죠?"
"아무것도 심지 않았어요. 씨앗을 뿌리고 이런저런 걱정을 하느니 그게 안전할 것 같아서요."

세상이 돌아가는 이치가 정말 '뿌린 대로 거둔다'는 것이라면 안전만 따지는 그 농부는 그야말로 아무것도 얻지 못한다.

근심 관리하기

당신이라는 1인 기업에 중요한 두 번째 감정은 '근심'이다. 근심이 인생을 지배하도록 그냥 방치할 경우 근심을 딛고 스스로 할 일을 하는 것보다 생산성이 훨씬 떨어진다. 세계적으로 이름이 알려진 메이요 클리닉의 공동창업자 찰스 메이요 박사는 근심의 부정적인 영향을 이렇게 설명했다.

"근심은 혈액순환, 내분비선을 비롯해 전 신경계에 영향을 줍니다. 무엇보다 심장에 막대한 영향을 주지요. 병원에서 일하며 과로로 죽은 사람은 본 적 없지만, 근심 때문에 죽은 사람은 많이 보았지요."

의미심장한 이 말은 특히 많은 경제학자가 '불안의 시대'라고 부르는 오늘날 우리가 새겨들어야 한다. 근심은 마치 흔들의자와 같다. 그것은 여러분의 몸과 마음을 흔들기만 할뿐 아무런 해결책도 마련해주지 않는다. 근심을 관리하는 최선의 방법은 근심하는 데 시간을 낭비하지 말고 무언가 생산적인 일을 시도하는 것이다. 근심을 바지 뒷주머니에 넣고 그것이 여러분을 걷어차게 하면서 여러분이 행동하도록 동기를 부여하는 요인으로 활용해야 한다.

근심한다고 문제가 해결되진 않는다

만약 어떤 일을 근심하고 있다면 그것은 여러분이 좀 더 적극적으로 나서야 한다는 것을 의미한다. 예를 들어 미국에는 직장을 잃을까 봐 근심하는 사람들이 수백만 명에 이른다. 안됐지만 근심한다고 해고통지서가 날아들지 않는 것도 아니고 먹고살 돈이 생기는 것도 아니다. 그러니 차라리 근심을 여러분이 더욱 가치 있는 사람이 되도록 동기를 부여하는 요인으로 활용하는 것이 낫다.

직장을 잃을까 봐 근심하는가? 가만히 앉아 고민만 하지 말고 능력을 쌓을 기술을 배우고 지식을 습득하며, 정보망을 구축하거나 조언자를 구하라. 단순하게 반응하지 말고 보다 생산적으로 움직여라.

중국의 한 여인에게 두 아들이 있었는데, 큰아들은 우산을 팔았고 작은아들은 짚신을 팔았다. 그녀는 늘 근심에 휩싸여 있었다. 그 이유는 날씨가 좋으면 큰아들이 우산을 못 팔고, 날씨가 궂으면 작은아들이 짚신을 못 팔기 때문이었다. 그러던 어느 날 지혜로운 옛 친구가 찾아왔다. 친구는 그녀가 창백한 얼굴로 근심하고 있자 그 이유를 물었다.

"아들들이 걱정스러워서 그래. 날씨가 흐리든 맑든 둘 중 하나는 장사가 안 되거든."

친구는 깔깔 웃으며 말했다.

"이런, 세상사람 모두가 근심에 휩싸여도 넌 절대 그럴 필요가 없어. 날씨가 좋든 나쁘든 두 아들 중 하나는 장사가 잘되잖아."

근심은 두통과 불면증 외에 아무것도 가져다주지 않는다.

근심은 상상을 남용하는 것에 지나지 않는다는 사실을 기억하라. 따라서 여러분이 상상을 관리하면 근심을 관리할 수 있다.

열정 관리하기

세 번째 감정은 많은 사람에게 부족한 것으로 내가 가장 절실하게 느끼는 감정이다. 그것은 바로 열정, 보다 정확히 말하자면 열정 부족이다!

어느 나이 많은 정치인이 그의 경쟁자이던 캘빈 쿨리지 대통령이 서거했다는 보도가 나오자 쓴웃음을 지으며 농담처럼 말했다.

"캘빈이 죽었다고? 그가 죽었는지 어떻게 알 수 있지?"

이는 캘빈 대통령이 열정이 없고 무표정한 사람이라 살아 있든 죽었든 별 차이가 없다는 뜻으로 한 말이다. 안타깝게도 세상에는 이 말에 어울리는 사람이 매우 많다. 많은 사람이 일상적인 근심, 걱정, 두려움에 몰두하느라 장미꽃 향기를 맡을 여유조차 없는 것이다. 우리는 삶의 사소한 일에 얽매여 인생의 불꽃이라 할 수 있는 열정을 피우지 못하고 살아간다.

열정이란?

열정(enthusiasm)은 '내면'을 의미하는 그리스의 접두사 en과 '신'을 뜻하는 theos에서 나온 말로, 이는 곧 '내면의 신'이라는 뜻이다. 내면에 신이 있으니 여러분은 얼마든지 기쁨에 넘쳐 활기차고 열정적이며 강할 수 있다. 내가 캠프파이어 청소년단(Campfire Girls&Boys)의 슬로건을 좋아하는 이유가 여기에 있다. 그들의 슬로건은 '먼저 마음속의 불을 밝혀라'이다. 참으로 멋지지 않은가! 여기에는 자신에게 열정을 심어 삶에 전심전력하자는 의미가 담겨 있다.

만약 여러분의 마음속에 불이 없다면, 여러분이 삶에 열정을 보이지 않는다면, 여러분이 일을 열정적으로 하지 않는다면, 여러분이 가족에게 열정적이지 않다면, 여러분이 미래를 열정적으로 그리지 않는다면 누가 여러분의 삶·일·가족·미래에 열정을 보이겠는가!

미국의 철학자 랠프 월도 에머슨은 이런 말을 했다.

"세상에 열정 없이 이뤄진 위업은 없다."

열정과 성공은 몸이 붙은 쌍둥이와 같다. 둘 중 하나가 없으면 다른 하나도 없다! 열정적이고 활기찬 인생을 살고 싶다면 열정이 불타오르게 하는 것을 찾아내 그것을 6분에서 60분, 60일, 60년으로 연장하면 된다.

진정한 열정은 삶의 방식이다

〈불타는 안장〉, 〈젊은 프랑켄슈타인〉 등 유별난 희극영화의 작가이자 제작자인 멜 브룩스는 우리가 평생 열정을 키워야 하는 이유를 다음과 같이 말한다.

"우리는 살아 있는 한 팔다리를 움직여야 합니다. 한껏 뛰어다녀야 합니다. 많은 소리를 내야 합니다. 삶은 죽음과 정반대니까요. 여러분이 조용히 있다면 내 관점에서 그것은 살아 있는 것이 아닙니다. 적어도 여러분의 생각은 소리를 내고 생동감이 있어야 합니다. 그래야 아무도 여러분을 두고 '아직 때가 아닌데 죽었구나'라고 착각하지 않지요."

내가 만약 감정의 지배를 받아야 한다면 내 인생을 통제하기 위해 다투는 99퍼센트의 다른 감정이 아닌 열정에 지배당하고 싶다. 여러분도 나와 생각이 같다면 열정에 지배당하라. 그리고 캠프파이어 청소년단의 슬로건을 실천하라.

"먼저 마음속의 불을 밝혀라."

원칙 8

성공을 준비한다

| 원칙 8 | 성공을 준비한다 |

홈런은 운이 좋은 선수가 아니라
준비된 선수가 치는 것이다.
- 로저 마리스, 대표적인 장타자 -

근대 역사에서 유명한 한 사건은 '성공을 준비하는 것'과 '실패를 준비하는 것'의 차이를 분명하게 보여준다. 그 사건은 1912년 4월 15일 빙하가 떠다니는 북대서양에서 일어났다. 영국의 한 호화유람선이 처음 나선 항해 길에서 빙산에 부딪혀 침몰했던 것이다.

재난을 스스로 만들어낸 타이타닉호

타이타닉호 소유주들은 그 배가 이중 선체 구조로 만들어져 절대 가라앉지 않는다고 광고했다. 그리고 그 배를 만든 기술자들은 빙산 같은 수중물체가 바깥 선체를 관통해도 안쪽 선체는 손상되지 않아 배는 여전히 물 위에 떠 있을 거라고 생각했다. 이처럼 첨단기술을 과신한 그들은 빙산에 부딪혀 바깥 선체뿐 아니라 안쪽 선체까지 손상될지도 모를 상황을 전혀 대비하지 않았다. 그리고 마침내 1912년 4월, 운명의 사건이 벌어지고 말았다.

20세기의 이 비극적인 사건은 최악의 재난을 막지 못했고 어떤 면에서는 스스로 재난을 만들어낸 꼴이었다. 처음 나선 항해에서 700여 명의 승객과 승무원을 수장시킨 타이타닉호의 얘기 중 별로 다뤄지지 않은 내용을 살펴보자.

구명정조차 제대로 갖추지 않았다

그날 밤 차가운 북극의 바다에 빠진 1,500명 중 배가 빙산에 부딪힌 탓에 사망한 사람은 몇 명이나 될까? 안타깝게도 빙산 때문에 죽은 사람은 불과 몇 명에 지나지 않는다. 희생자는 대부분 타이타닉호에 구명정이 충분치 않아서 사망했다.

세계 최초로 가라앉지 않는 배라는 자만심에 빠지지 않고 불의의 사고에 대비했다면, 그 엄청난 비극은 벌어지지 않았을 것이다. 이 얼마나 억울한 노릇인가. 거의 100년 전에 일어난 타이타닉호 침몰 사건은 여전히 우리가 충분히 대비하지 않으면 어떤 일이 일어나는지 경각심을 불러일으킨다.

성공을 준비하는가? 실패를 준비하는가?

여러분이 삶에 접근하는 방식과 시간관리 방법은 성공 혹은 실패를 준비하게 한다. 나는 많은 사람이 성공을 꿈꾸며 열심히 살아간다고 믿는다. 그럼에도 불구하고 더 많은 사람이 성공하지 못하는 이유는 그들이 성공을 원치 않아서가 아니다. 단지 성공을 제대로 준비하지 않기 때문이다. 1996년 NCAA에서 우승한 켄터키 대학 야구팀 감독 릭 피티노는 내가 하고 싶은 말을 적절히 표현했다.

"나는 승리의 비결이 승리하려는 의지에 있다고 생각하지 않습니다. 여러분 자신을 속이지 마십시오. 승리하려는 의지는 중요하지만, 그것은 준비하려는 의지가 없으면 아무 소용이 없습니다."

피티노의 팀이 게임당 17점이라는 기록적인 점수 차로 다른 팀을 압도한 것은 준비하려는 의지 덕분이다. 만약 릭 피티노에게 승리를 준비하려는 의지가 없었다면, 그가 연봉 백만 달러 이상을 벌고 대여섯 명의 NBA 구단주가 그에게 그 두 배를 주려고 줄을 섰겠는가. 심지어 세 배까지 부르는 일이 가능하다고 생각하는가? 절대 그렇지 않다. 릭 피티노는 그의 철두철미한 준비성 때문에 성공했다.

성공을 준비하는 것의 가치

사실 피티노가 견습 코치였을 때는 1년 동안 일해도 오늘날 그가 한 시간 정도 강연할 때 받는 돈만큼도 벌지 못했다. 즉, 피티노는 성공을 준비해 자신의 가치를 엄청나게 높임으로써 오늘날의 한 시간을 10년 전의 1년의 가치와 비슷하게 만들었다. 이것이 바로 성공을 준비하는 것의 가치다.

성공은 우연히 이루어지지 않는다. 성공한 사람들은 산책을 하다가 우연히 황금덩어리를 발견한 것이 아니다. 릭 피티노 같은 사람은 역량을 높일 지식을 습득하고 기술을 익히는 데 엄청난 시간을 들여 그만큼의 결과물을 얻는다.

정보는 어디에서나 얻을 수 있다

지금은 그 어느 때보다 성공을 준비하는 것이 쉽다. 원하기만 하면 누구라도 성공에 도움을 줄 정보를 얻을 수 있는 것이다. 도서관이든 인터넷이든 아니면 성공자의 세미나든 찾고자 하면 가까운 곳에서 얼마든지 정보를 제공받을 수 있다.

내 관점에서 성공을 준비할 때 무엇보다 중요한 것은 개인의 의지라고 생각한다. 정보나 지식을 얻는 것은 쉽지만 그것을 얻으려면 찾고자 하는 개인적인 의지가 있어야 한다. 다시 말해 성공에 필요한 기술을 배우겠다는 마음자세를 갖춰야 한다.

더 많이 준비하면 가치는 더 올라간다

성공을 준비하기 위해서는 무엇을 해야 할까? 그 대답은 간단하다. 책을 읽고, 세미나에 참석하고, 오디오 교재를 듣고, 메모하고, 성공자와 어울리고, 조언자에게 배우고, 정보를 얻고, 기술을 익히면 된다. 이것이 바로 준비다.

준비는 많이 할수록 가치가 더 올라간다. 우리는 그 완벽한 예를 의료 분야에서 찾아볼 수 있다.

왜 전문의가 일반 개업의보다 더 가치가 있을까?
왜 일반 개업의가 정규 간호사보다 더 가치가 있을까?
왜 정규 간호사가 보조 간호사보다 더 가치가 있을까?

그 대답은 어렵지 않다. 더 많이 준비하면 그만큼 가치가 더 올라간다. 그리고 여러분의 가치가 올라갈수록 더 많이 벌 수 있다.

《상어와 함께 수영하되 잡아먹히지 않고 살아남는 법》을 저술한 하비 맥케이는 이렇게 말했다.

"배우면 배울수록 더 많은 것을 얻는다."

지식이 늘어나면 가치가 올라간다

만약 여러분이 수술을 받아야 한다면 갓 의대를 졸업한 풋내기 의사에게 수술을 맡기겠는가, 아니면 경험이 풍부한 전문의에게 맡기겠는가? 당연히 전문의에게 맡길 것이다. 그가 학교를 갓 졸업한 의사보다 10배의 수술비를 요구해도 마찬가지로 행동하겠는가? 아마 그럴 것이다. 이것이 바로 준비의 차이다.

여러분의 소득도 지식에 정비례한다. 성공한 감독, 운동선수, 사업가, 음악가, 자동차수리공, 전문가는 절대 머릿속으로 생각만 하면서 막연히 바라지 않는다. 그들은 모두 준비의 중요성을 이해하고 있다.

배움엔 끝이 없다

톰 피터스는 《초우량 기업의 조건》에서 자신이 '성공을 준비하는 것은 끝없는 과정'임을 깨달았던 순간을 들려주고 있다. 열일

곱 살 때, 하루는 그의 여자친구가 그를 집으로 초대했다. 소녀의 아버지는 대단히 성공한 외과의사였고 그녀는 바다가 내다보이는 케이프코드의 멋진 저택에서 살았다.

저녁식사 후 그녀의 아버지는 나머지 사람들이 거실에 앉아 잡담하는 동안 양해를 구하고 서재로 들어갔다. 그는 의학저널을 읽고 다음 날 일정이 잡혀 있는 수술 절차를 검토하기 위해 홀로 배움에 몰두했던 것이다. 그때까지 피터스는 학교를 졸업하면 구태여 다른 지식을 얻기 위해 공부할 필요는 없다고 생각했다. 그런데 의사가 되는 고된 과정을 거치고 엄청난 경험까지 쌓은 성공적인 외과의사가 여전히 배우는 모습을 보고 깜짝 놀랐다.

당시의 느낌에 대해 피터스는 이렇게 말하고 있다.

"배움에 끝이 없다는 사실을 받아들이기가 쉽지 않았죠."

만약 여러분이 진실로 성공하고자 한다면 쉼 없이 배워야 한다. 즉, 여러분은 성공을 준비하는 지속적인 과정을 삶의 일부로 받아들여야 한다.

학교에서 배우는 일반 지식

여러분이 성공을 준비할 때 학교수업이 도와줄 수 있는 것과 없는 것이 무엇인지 알아보자. 우선 나는 정규교육의 열렬한 지지자라는 것을 말해두고 싶다. 다행히 우리는 읽고쓰고 계산하는 기초교육을 의무적으로 받아야 하는 세상에 살고 있다. 내가 알기로 이런 교육은 우리에게 일반 지식을 가르쳐주기 위한 것이다.

일반 지식은 우리가 성공을 준비하는 데 결정적인 역할을 한다. 그것은 우리에게 기본적인 것을 제공하고 덕분에 우리는 성공을 준비하는 작업을 계속할 수 있다. 하지만 그 지식이 끝은 아니다. 나폴레온 힐은 이렇게 말했다.

"일반 지식은 아무리 많이 배워도 돈을 버는 데는 거의 소용이 없다."

성공 비결은 전문 지식에 있다

성공을 위한 실질적인 준비를 하려면 전문 지식을 쌓아야 한다. 전문 지식이 있어야 우리의 정당한 효용가치를 극적으로 높일 수 있기 때문이다. 대학이나 대학원은 전문 지식을 쌓을 수 있는 곳이지만 안타깝게도 많은 사람이 학교를 졸업하면 배움이 끝이라고 생각한다.

실제로 졸업은 끝이 아니라 오히려 시작이다. 그때부터 우리는 진짜 교육을 시작할 자유를 얻는다. 물론 정규교육은 중요하지만 학교를 중퇴한 많은 사람이 성공의 길을 걷고 있다는 사실은 정규

교육이 반드시 성공 비결은 아니라는 것을 보여준다.

하고자 하는 의지를 대신할 수 있는 것은 없다

미국 최고의 부자 빌 게이츠는 대학 중퇴자다. 블록버스터 비디오의 설립자 웨인 호이젠가도 마찬가지다. 헨리 포드는 고등학교도 마치지 못했고, 토머스 에디슨은 초등학교 4학년까지만 다녔다. 그렇지만 이들은 평생 공부를 했다.

게이츠는 교실에 앉아 소프트웨어 설계를 배운 것이 아니라 IBM 소프트웨어 매뉴얼을 읽고 프로그래머의 지혜를 빌려 그 지식을 배웠다. 그는 성공을 준비하려면 스스로 지식을 쌓겠다는 의지, 자신의 역량을 키우겠다는 의지, 약점을 개선하겠다는 의지가 있어야 한다는 것을 본능적으로 깨달았다.

이제 여러분의 정당한 효용가치를 높일 정보를 어디에서 얻어야 하는지 감이 잡히는가? 어디서 지식을 찾아야 할까?

어디서 기술을 배워야 할까?

지식과 정보를 얻는 네 가지 수단

지식과 정보를 얻는 네 가지 수단이란 책, 테이프, 세미나 그리고 대인관계를 말한다. 먼저 매일 독서를 해서 여러분의 가치를 얼마나 높일 수 있는지 알아보자.

하루에 책을 10쪽씩 읽는다면?

하루에 10쪽 정도 책을 읽을 수 있겠는가? 매일 20~30분만 투자하면 그 정도 분량의 책을 읽을 수 있다. 하루에 10쪽씩 읽으면 1년에 180쪽짜리 책을 몇 권이나 읽을 수 있을까? 20권이다. 그렇게 10년이 흐르면 200권이 된다.

여러분이 다양한 분야의 좋은 책을 200권이나 읽었다면 당신이라는 1인 기업의 가치를 상당히 높였다고 말할 수 있지 않을까? 물론이다. 여러분이 성공을 준비하는 데 도움을 주는 책은 아주 많다. 우선 시간관리를 다룬 책을 읽어라. 일상생활 속에서 가장 많은 것을 얻어내려면 먼저 시간을 어떻게 써야 하는지 알아야 한다. 그다음엔 동기부여를 다룬 책을 읽어라. 때로 우리는 의욕이 가라앉기도 하므로 그 슬럼프에서 빠져나오도록 해주는 긍정적인 정보를 읽는 것이 좋다. 그 밖에 좋은 부모가 되는 방법에 관한 책, 최신 경제 및 비즈니스 관련 책, 시집, 백만장자에 관한 책을 읽어라. 당신이라는 1인 기업의 가치를 높여주는 것이라면 무엇이든 읽고 또 읽어라.

읽는 사람과 읽지 않는 사람

　책을 즐겨 읽는 사람은 아이러니하게도 이미 충분한 지식을 쌓은 경우가 많다. 오히려 지식을 쌓아야 할 사람이 책을 읽지 않는다. 그들은 읽을 시간이 없어서가 아니라 그냥 이런저런 일상에 파묻혀 책을 멀리할 뿐이다. 심지어 그들은 무료로 빌려볼 수 있어도 책을 읽지 않는다.

　어느 현자가 말했다.

　"읽을 줄 알면서 읽지 않는 사람은 읽을 줄 모르는 사람과 같다."

　더 나아가 나는 읽을 줄 알면서도 읽지 않는 사람은 읽을 줄 모르는 사람보다 더 문제가 심각하다고 본다. 왜 그 유용한 기술을 썩히는가. 그것은 수치스러운 일이다.

　지금은 어느 거리에나 서점이 있고 가까운 곳에 도서관이 있으며 인터넷 정보망이 전국에 깔려 있다. 이런 상황에서 무식한 사람으로 남는 것은 변명의 여지가 없다.

자기 계발 음원

　음원은 값이 싸고 편리하면서도 좋은 정보 자원이다. 틈나는 대로 최고급 교육 강좌를 요즘엔 언제든 들을 수 있다. 그만큼 오늘날에는 정보에 접근하기가 쉽다. 그것이 어찌나 쉬운지 날마다 지식을 쌓지 않으면 누구든 변명의 여지가 없을 정도다.

여러분은 세계 최고의 사상가, 사업가, 철학자, 전문가가 매일 여러분의 차에 동승해 좋은 조언을 해준다면 얼마를 지불하겠는가? 만약 동기부여가 지그 지글러가 여러분에게 오후 내내 조언을 해준다면 시간당 100달러를 지불할 용의가 있는가? 일주일 동안 투자가 워런 버핏과 함께 직장에 출퇴근할 수 있다면 1,000달러를 지불할 용의가 있는가?

다행히 여러분은 많은 돈을 지불하지 않고도 얼마든지 그들의 조언을 들을 수 있다. 하루 단돈 1페니로 지글러와 버핏의 지혜를 살 수 있는 것이다. 여러분의 자동차를 출퇴근 시간만이라도 굴러다니는 교실로 만들어라.

여러분은 제너럴모터스가 매년 얼마나 많은 돈을 연구개발에 쏟아 붓는지 알고 있는가? 그들은 매년 전 세계 10위 안에서도 상위권에 들 만큼 엄청난 액수를 연구개발비로 지출한다. 당연한 얘기지만 그들은 그 엄청난 투자로 세계에서 매우 수익성 높은 기업 중 하나로 발돋움했다.

'당신이라는 1인 기업'을 위한 연구개발비

만약 여러분이 '당신이라는 1인 기업'의 가치를 높이기위해 한 달에 유익한 책을 사는 비용에 100달러를 투자했다고 가정해보자. 1년이면 1,200달러지만 그것이 여러분의 정당한 효용가치를 높여준다면 매주 25달러를 투자하는 것은 그만한 가치가 있지 않을까?

가령 1년에 추가로 1만 달러나 10만 달러를 벌게 해줄 정보를 얻을 수 있다면, 여러분은 1년에 1,000달러를 기꺼이 지출하겠는가? 분명 그럴 것이다. 이것은 여러분의 시간과 돈을 현명하게 투자하는 일이다.

좀 더 생각해보자. 여러분이 총소득의 일부를 당신이라는 1인 기업의 연구개발에 투자하지 않는 것은, 자신이 실패하도록 내버려두는 것과 같다. 대학야구팀을 성공적으로 이끈 존 우든 감독은 말했다.

"결국 남는 것은 우리가 배우고 익힌 것이다."

교육 세미나와 트레이닝

가치 있는 세미나는 며칠 혹은 몇 시간으로 압축된 전문적인 대학원 교육 과정과 같다. 그만큼 실용적이고 꼭 알아두어야 할 주요 내용을 전달한다. 그것도 대학의 책값이나 수업료를 생각한다면 거의 공짜나 다름없는 비용에 그런 혜택을 누릴 수 있다.

배우자와 의사소통을 잘하는 방법을 알려주는 세미나에 참석하면 결혼생활을 개선할 수 있을까? 돈을 저축하는 방법을 설명하는 세미나에 참석해 정보를 습득하면, 노후 준비가 보다 수월할까? 더 많은 수입을 올리도록 성공이 입증된 방법을 가르치는 세미나에 참석하면, 라이프스타일을 개선할 수 있을까?

물론이다!

성장을 자극하는 인간관계

만약 여러분이 책을 읽고 자기 계발 음원을 들으며 세미나에 참석하는 사람과 친하다면 어떤 일이 생길까? 여러분도 책을 읽고 자기 계발 음원을 들으며 세미나에 참석할 확률이 높아진다.

여러분이 독수리와 친해지면 아마 독수리처럼 날아오를 것이다. 반면 오리와 친해지면 꽥꽥거리며 오리처럼 걸을 가능성이 크다.

어떤 사람과 가까이 지내느냐에 따라 여러분의 인생은 커다란 영향을 받는다. 그러므로 여러분이 성공을 준비할 때는 패배자보다 승리자와 평생의 인간관계를 추구해야 한다. 즉, 새로운 성취 수준에 도달하도록 도와줄 조언자와 진실한 인간관계를 쌓아야 한다.

인간관계의 위력

팀워크를 발휘해 철로를 따라 걸어간 두 소년과 한 소년의 이야기를 통해 인간관계의 위력을 생각해보자.

세 소년 중 한 명은 유난히 운동을 잘했고 친구들과 시합할 때마다 늘 이겼다. 하루는 그 소년이 다른 두 소년에게 누가 철로 위를 멀리까지 걸어갈 수 있는지 시합하자고 제안했다. 그리고는 훌쩍 철로 위로 뛰어올라 균형을 잃을 때까지 90미터쯤 걸어갔다. 그 소년은 뒤돌아서서 다른 소년들을 향해 "너희들은 여기까지 올 수 없을 거야!" 하고 놀려댔다.

운동을 잘하는 소년을 이길 수 없음을 알고 있던 두 소년은 잠시 의논한 뒤 새로운 전략을 짰다. 친구의 도움을 받아 한 소년이 먼저 철로 위에 올라서고, 다른 소년도 간신히 나머지 철로에 올라선 다음 둘이 손을 꼭 붙잡고 놓지 않았던 것이다. 그들은 서로 손을 잡은 채 철로에서 떨어지지 않고 마을까지 걸어갔다!

공통된 목적이 있는 두 사람의 협동은 홀로 무언가를 하는 것보다 커다란 결과를 낸다.

준비하지 않는 데는 변명의 여지가 없다

로라 슬로에이트는 5억 달러가 넘는 자금운용사의 수석 공동경영자로 잘나가는 사업가다. 5년의 자금운용 기간 동안 그녀는 개인 계정의 평균 연수입을 25퍼센트 이상 올렸다. 늘 국제시장을 모니터링하고 매주 재무보고서 수치를 평가하며, 전 세계의 사소한 구매동향까지 구체적으로 파악해야 하는 그녀의 업무는 고달프고 힘들지만 그만큼 기쁨도 컸다.

슬로에이트의 친구나 가족에 따르면 그녀는 소녀 시절부터 성공을 준비했다고 한다. 그녀는 어린 시절부터 세미나에 참석했으며 조언자에게 상담을 받았다. 놀랍게도 그녀는 여섯 살 때부터 성공을 준비하는 데 도움을 주는 모든 수단을 활용한 것이다. 하지만 유일하게 독서는 할 수 없었다. 그녀는 여섯 살 때 맹인이 되었기 때문이다.

여러분도 준비할 수 있다

로라 슬로에이트에게서 우리가 배울 점은 두 가지로 압축할 수 있다.

첫째, 지식정보화시대를 살아가는 우리는 성공을 준비해야 한다. 우리는 현재에 만족하면 안 된다. 매일 정보와 지식의 최첨단에 서서 과거의 기술을 갈고닦는 동시에 새 기술을 배워야 한다.

둘째, 성공을 준비하지 않는 데는 변명의 여지가 없다. 사람들은 흔히 일을 끝내면 너무 힘들고 지쳐서 책 10쪽을 읽을 수 없다고 말한다. 어떤 사람은 도무지 짬이 나지 않아 신기술을 배우기 위해 주말에 세미나에 참석할 수 없다고 말한다. 또 어떤 사람은 자기 계발 도서를 구입할 돈이 없다고 말한다. 그러나 이것은 말도 안 되는 변명이다. 여러분은 돈을 벌 수도 있고 변명할 수도 있다. 그러나 두 가지를 동시에 할 수는 없다.

변명은 접어라

로라 슬로에이트에게는 세상 사람들 99퍼센트보다 좋은 핑계거리가 있었지만, 그것이 성공을 준비하려는 그녀의 의지를 꺾지는 못했다. 그녀는 자신이 맹인이라는 사실을 문제로 여기지도 않았고 그녀의 직원들 역시 그 사실을 의식하지 않았다.

분명한 사실은 로라 슬로에이트가 성공을 준비했다면 여러분도 할 수 있다는 것이다. 로라는 자신의 한계 상황을 핑곗거리로 삼지 않았다. 그녀가 성공을 준비한 것처럼 여러분도 할 수 있다.

여러분은 성공을 준비하지 않아 타이타닉호처럼 침몰할 수도 있고, 성공을 준비해 로라 슬로에이트처럼 성공할 수도있다. 나라면 로라 슬로에이트의 가치관과 자세를 선택할 것이다. 여러분은 어느 쪽을 선택하겠는가?

원칙 9

인생의 균형을 중요시한다

| 원칙 9 | 인생의 균형을 중요시한다 |

홈런은 운이 좋은 선수가 아니라
준비된 선수가 치는 것이다.
- 로저 마리스, 대표적인 장타자 -

시사뉴스에 조금이라도 관심이 있는 사람이라면 우리가 오늘날 얼마나 균형이 깨진 세상에서 살고 있는지 알고 있을 것이다. 가령 개인파산자는 갈수록 늘어나고 물가 대비 소득은 감소하고 있으며, 청소년 문제는 끊임없이 증가하고 있다. 또 이혼율과 범죄율도 증가하고 있다.

이들 통계 수치는 사람들이 심리적, 정신적으로 분열되고 재정적 압박과 건강 이상에 시달리고 있음을 잘 보여준다. 언뜻 우리에게는 좋은 일보다 나쁜 일이 더 많이 일어나고 있는 것 같다.

그래서 균형이 중요하다. 우리가 균형을 잃으면 어느 한쪽으로 기울어 강풍이나 큰 파도에 휩쓸리고 만다. 반면 균형을 잃지 않으면 기상조건이 아무리 나빠도 안정적인 상태를 유지할 수 있다.

균형을 잃으면 통제하기가 어렵다

삶의 균형을 잃으면 그리 심하지 않은 태풍에도 쉽게 흔들리고 만다. 소위 모든 것을 가졌던 유명인이 삶의 균형을 잃었을 때 어떤 일이 벌어졌는지 살펴보자.

사상 최대의 레코드 판매량을 기록한 엘비스 프레슬리는 약물 중독에 빠져 체중이 30킬로그램이나 초과했고 마흔두 살이라는 이른 나이에 사망했다. 배우 메릴린 먼로는 우울증에 따른 자살로 40회 생일을 맞기도 전에 세상을 떠났다. 야구계의 전설적인 타자 타이 콥은 임종을 지키는 친구 하나 없이 혼자 쓸쓸히 죽었다. 세계 헤비급 복서로 수백만 달러를 벌어들인 조 루이스는 생애 마지막 10여 년간 완전히 파산해 극빈자의 삶을 살았다.

이 밖에도 삶의 균형을 잃고 비참한 최후를 맞이한 사람은 매우 많다.

그러면 삶의 균형을 잡는 방법을 살펴보기 전에 내가 우연히 본 뉴스 한 토막을 소개하고 싶다. 그것은 멋진 새 보트의 시연회를 다룬 것으로 균형의 중요성을 일깨워준다.

가라앉지 않는 보트

시연회에 나온 보트는 해안경비용 특별 구조 보트로 한쪽으로 뒤집혀도 6초 내에 저절로 똑바로 일어섰다. 뉴스에서는 보트 바닥이 하늘을 향하도록 뒤집어놓고 몇 초 만에 본래대로 되돌아가는지 실험하는 장면을 보여주었다. 과연 그 보트는 마치 코르크 마개처럼 튀어올랐고 저절로 원위치로 돌아갔다.

그 비밀은 선체 내부 모든 곳에 있는 벌집 모양 공기실에 있다. 우리가 농구공을 물속에 밀어 넣을 때 농구공 안의 공기가 그 힘에 저항하듯 보트 안의 공기가 보트를 표면으로 되돌아가게 하는 것이다.

균형은 역경을 이기도록 도와준다

그 보트에는 한 가지 단점이 있었다. 공기실 공간 탓에 조종석과 생존자만 겨우 탈 수 있을 정도로 선상 공간이 좁았던 것이다. 제작자는 이렇게 해명했다.

"이 보트는 비상사태용입니다. 부력을 얻으려면 많은 것을 포기해야 하지요."

여기서 우리가 배워야 할 점 중 가장 중요한 것은 균형 개념이다.

보트처럼 균형을 잡으면 우리는 인생에서 예상치 못한 폭풍을 만나도 안정을 찾을 수 있다.

인생은 간혹 예고 없이 우리를 쓰러뜨린다. 심지어 거꾸로 뒤집혀 모든 것이 끝날 수도 있다. 이때 우리가 균형을 잡을 수 있다면 얼른 일어나 목적지를 향해 나아갈 수 있다. 균형이 중요한 이유가 바로 여기에 있다. 균형이 우리의 행복에 필수적인 이유도 그 때문이다.

얻는 것이 있으면 잃는 것도 있다

"부력을 얻으려면 많은 것을 포기해야 한다"는 제작자의 말처럼 무언가를 얻는 데는 대가가 필요하다. 이것이 삶의 균형이다. 얻는 것이 있으면 잃는 것도 있는 법이다. 매일 밤 피자를 실컷 먹고 디저트로 커다란 아이스크림을 먹으면서 날씬한 몸매를 유지할 수는 없다. 적절히 균형을 잡으려면 한쪽으로 쏠리게 하는 몇 가지 일은 포기해야 한다. 폭풍우가 몰아쳐도 물속에서 똑바로 서 있으려면 협소한 공간 정도의 불편함은 감수해야 한다.

세상의 모든 것이 계속해서 순조롭게 돌아가기 위해서는 적절한 균형이 필수적이다.

균형이 주는 혜택

여러분은 처음 자전거타기를 배운 순간을 기억하는가? 여러분이 한쪽으로 몸이 기울어졌을 때 어떻게 되었나? 분명 넘어졌을 것이다. 아마 다음번에는 반대쪽으로 몸을 더 기울였을 테고 그래서 또 넘어졌을 것이다. 그처럼 시행착오와 연습, 무릎을 두어 번 다치는 고통을 치른 뒤에야 균형의 가치와 균형을 유지하는 법을 배우지 않았는가.

흥미롭게도 일단 균형 잡는 법을 배우고 나면 몇 미터든 넘어지지 않고 달릴 수 있다. 그때의 느낌이 기억나는가? 그 커다란 성취감이 느껴지는가? 여러분은 인생의 다른 부분에서 균형을 잡았을 때도 그런 성취감을 느낄 수 있다.

인생은 자전거타기를 연습하는 것과 똑같다. 인생의 균형을 잡지 못할 경우 실패를 겪느라 인생을 즐기기 어렵다.

'당신이라는 1인 기업'의 균형

당신이라는 1인 기업에도 균형은 매우 중요하다. 당신이라는 1인 기업은 통장 잔고를 늘리고 인생의 모든 분야에서 여러분의 가치를 개선하고 싶어 한다. 돈 그 자체는 목적이 아니다. 돈은 목적을 위한 수단이며, 그 목적은 여러분의 인생에서 균형을 유지하는 데 있다.

한 가지에만 치중하지 마라

청소년기에 혹시 영국 여류작가 조지 엘리엇이 쓴 소설《실라스 마너(Silas Marner)》를 읽은 적이 있는가? 실라스 마너는 불행한 은둔자로 그의 유일한 즐거움은 일을 마치고 집에 돌아가 쌓아둔 돈을 세는 것이었다. 그는 친구도, 신앙도, 사랑하는 사람도 없었다.

그러던 어느 날 갓난아기 하나가 그의 집 앞에 버려졌다. 그 사건으로 그의 삶은 하룻밤 사이에 극적으로 변했고 그는 인생의 균형을 찾아갔다. 갓난아기를 본 실라스 마너의 마음이 움직이면서 오랫동안 묻어둔 감정이 살아 움직였던 것이다. 결국 실라스 마너는 재정적으로 더 풍족해졌고 인생의 여러 분야에서 훨씬 더 넉넉한 삶을 살았다.

인생의 균형이란 바로 이런 것이다. 여러분이 가족, 친구 등 인생의 다른 부분을 소홀히 하고 돈이나 어떤 물건 등에 지나치게 집착하면 실라스 마너처럼 메마른 감정으로 무미건조하게 살아가고 만다.

삶에서 5F 유지하기

삶에서 '5F'에 각각 비슷한 정도의 시간과 관심을 쏟으면 인생의 균형을 이룰 수 있다. '5F'를 중요한 순서대로 정리하면 다음과 같다.

믿음 (Faith)

가족 (Family)

건강 (Fitness)

친구들 (Friends)

재정 (Finances)

만약 균형이 바퀴라면 그 바퀴의 중심에는 믿음이라는 바퀴통이 있다. 그리고 바퀴와 바퀴통을 연결하는 바퀴살은 가족, 건강, 친구들, 재정이다. 바퀴통이 약하거나 없으면 바퀴는 약한 압력에도 부서지고 만다. 또한 바퀴살 한두 개가 약하거나 없어지면 험난한 인생길을 달리다가 바퀴가 찌그러지거나 불안정해진다.

반대로 바퀴가 강하고 바퀴살이 튼튼할 경우 정기적으로 정비만 잘하면 오랫동안 잘 달린다. 그러면 우리 인생에서 각각의 요소가 왜 중요한지 하나하나 살펴보자.

믿음의 힘

여러분은 볼 수 없다는 이유로 믿음이 존재하지 않는다고 생각하는가? 보이지 않으면 인정하지 않는가? 과학적인 연구 결과 믿음이 존재한다는 것은 분명 입증되었다.

미국 텍사스의 내과의사 래리 도시는 자신의 저서 《치료하는 기도: 과학이 증명한 놀라운 힘(Healing Words: The Power of Prayer and the Practice of Medicine)》에서 130편의 논문을 인용해 기도의 힘이 환자를 낫게 한 사례를 소개했다. 그는 이렇게 자신의 의견을 밝히고 있다.

"기도는 의학이 풀지 못한 가장 어려운 신비 중 하나다. 간절히 기도하는 사람에게 좋은 일이 일어나는 것을 많이 보았다."

극한 상황에서는 누구나 신을 찾는다

옛 속담에 "전쟁의 참호 속에서는 무신론자가 없다"라는 말이 있다. 이는 누구나 마음이 불안정하고 힘들 때는 신을 찾는다는 의미다. 물론 신은 우리가 필요로 할 때 힘과 희망을 주는 원천이다. 하지만 평소엔 믿음이 없다가 필요할 때만 신을 찾는 것은 진실한 믿음이라고 볼 수 없다. 어느 현자가 말했다.

"기도하지 않는 자는 신에 관해 많은 말을 한다. 그러나 오직 기도하는 자만 신을 알 수 있다."

믿음과 기도로 신을 아는 것은 인생의 균형을 잡는 데 꼭 필요한 일이다.

가족의 중요성

어쩌면 가족의 화목함이 균형 있는 삶에 매우 중요한 요소임을 설명하는 것 자체가 비극일지도 모른다. 이는 마치 목마른 사람에게 물을 찾으라고 말하는 것과 같다. 하나 마나 한 소리가 아닌가. 그럼에도 불구하고 많은 사람이 가족을 당연시하며 무시하는 것을 보면 당혹스럽다. 실제로 우리는 부모, 아이, 남편 혹은 아내를 무시하거나 경시하는 모습을 흔히 보고 있다.

안타깝게도 많은 어린이가 단순히 누군가가 관심을 보여주길 바라는 마음에서 비행을 저지른다고 한다. 그들은 비행을 저질러서라도 관심받기를 원하는 것이다. 부정적 관심이라도 전혀 관심이 없는 것보다 낫다는 생각이니 얼마나 불쌍한가. 그런데 갈수록 더 많은 어린이가 그런 절망적인 행동을 하고 있다. 더 늦기 전에 정신을 차려야 한다. 가족에게 신경 써야 한다. 그렇지 않으면 이 사회는 물론 개개인도 균형을 유지하기가 어려울 것이다.

가족은 당연히 그 자리에 있는 존재가 아니다

열세 살 때 아버지를 잃은 나는 아버지와 함께 두런두런 이야기를 나눠봤으면 싶은 때가 정말 많다. 아버지께 전화를 걸어 사업에 관한 의견을 듣거나 손자가 처음 배운 말을 들려드릴 수 있다면 얼마나 좋을까. 안타깝게도 내게 그런 일은 결코 일어날 수 없다. 그래서 부모와 이야기할 기회가 있을 때 그렇게 하지 않는 사람을 보면 불쌍하다는 생각이 든다. 자기가 누리는 것에 감사할 줄 모르기 때문이다.

여러분이 이번 주에 부모와 대화하지 않았다면 당장이라도 전화를 하라. 꼭 무슨 일이 있어서가 아니라 그냥 전화해서 편하게 안부라도 물어보라.

여러분이 이번 주에 아이들을 공원이나 가까운 곳에 데리고 나가 함께 놀아주지 않았다면 데리고 나가라. 여러분이 형제자매와 싸웠다면 즉시 화해하라. 여러분이 가족과의 관계에서 균형을 찾는 데 지금보다 더 좋은 때는 없다. 더 늦기 전에 지금 하라!

건강관리

건강관리를 한다고 몸을 근육질로 만들거나 치어 리더처럼 몸매를 관리하라는 얘기가 아니다. 여기서 말하는 건강관리란 몸을 혹사시키지 말라는 의미다. 언젠가 어느 TV 광고에서 이런 멘트를 들은 적이 있다.

"건강하다는 것은 모든 것을 갖고 있다는 의미입니다."

실제로 우리는 독감이나 특정 질병에 걸리면 건강이 얼마나 중요한지 뼈저리게 느낀다. 놀라운 것은 수많은 사람이 스스로 건강을 위험에 빠뜨린다는 사실이다. 물론 홍역이나 편도선 절제처럼 아무 잘못도 없이 아플 수도 있다. 그러나 담배를 피워 폐기종에 걸리는 것은 문제가 다르다. 흡연자 스스로 자기 폐에 이상이 오도록 만든 것이기 때문이다. 몸을 학대하는 사람은 삶의 균형을 유지할 수 없다.

《USA 투데이》의 발표에 따르면 1900년대 미국인의 주요 사망원인은 결핵, 이질, 인플루엔자, 천연두, 폐렴이었다. 그런데 요즘의 사망원인은 심장병, 뇌졸중, 암, 당뇨, 폐기종이다.

건강하기를 선택하라

오늘날의 사망원인을 곰곰이 살펴보면 습관만 바꿔도 질병을 훨씬 줄일 수 있음을 알 수 있다. 사실 흡연과 음주 습관을 버리고 식습관 조절로 체중만 줄여도 효과가 클 것이다. 현대의학은 우리에게 오래도록 건강하게 살 수 있는 길을 열어주었다. 그런데도 수많은 사람이 고칼로리 음식을 먹거나 운동 대신 소파에 파묻혀 TV를 쳐다보며 그 축복을 차버리고 있다.

물론 인생살이 자체가 힘겨워 병이 날 수도 있다. 그렇지만 자신을 질병으로 가는 길로 몰아넣어 의도적으로 인생의 균형을 잃는 사람이 더 많다. 자신을 위해 체중을 줄일 수 없다면, 가족을 위해 체중을 줄여라. 친구를 위해 그렇게 하라. 그들은 여러분이 질병으로 고통받거나 제 명을 살지 못하고 죽기를 바라지 않는다.

건강하기를 선택하라. 장수하기를 선택하라. 그리하여 삶의 균형을 유지하라.

인생의 균형을 돕는 친구

친구는 인생항로에서 항해의 안정을 돕는 밸러스트(ballast)와 같은 존재다. 밸러스트란 배가 안정과 평형을 유지하도록 화물선 바닥에 싣는 큰 돌이나 벽돌 같은 짐을 말한다. 그만큼 우정은 인생의 균형을 잡는 데 매우 중요하다.

더구나 친구는 선택할 수 있는 존재이므로 상당히 특별한 관계라고 할 수 있다. 친구관계는 우연의 문제가 아니라 선택의 문제다. 특히 친구는 여러분의 인생에 극적인 영향력을 미치므로 신중하게 선택할 필요가 있다.

우리가 통제할 수 있는 유일한 바퀴살

"친구를 보면 그 사람을 알 수 있다"라는 말처럼 친구의 영향력은 막강하다. 만약 성공한 사업가들과 친하다면 여러분은 사업에 성공했거나 앞으로 성공할 것이다. 은행 강도와 친하다면 여러분은 은행을 털었거나 앞으로 털 것이다. 태도가 훌륭한 사람들과 친하다면 여러분의 태도도 훌륭할 것이다.

알코올이나 마약에 중독된 사람들을 치료하는 첫 단계로 처음 그것을 권한 친구들과의 관계를 끊도록 조언하는 것도 이런 이유에서다. 중독자가 그러한 교제를 끊지 않으면 앞으로도 중독의 함정에서 빠져나오기 어렵기 때문이다.

우정은 균형의 바퀴에서 매우 중요한 바퀴살이다. 그리고 그것은 우리가 통제할 수 있는 유일한 요소다. 우리는 부모를 선택할 수 없고 건강을 항상 선택할 수 있는 것도 아니다.

재정도 마찬가지다. 그렇지만 친구는 선택할 수 있다.

여러분은 인생이라는 배의 선장이다. 따라서 그 배의 밸러스트가 되어줄 사람을 스스로 결정할 수 있다. 밸러스트의 한쪽 짐이 너무 무거우면 그쪽 밸러스트를 물에 던져야 한다. 그 반대로 새로운 밸러스트를 추가할 수도 있다. 한 가지 분명한 사실은 밸러스트를 조절하지 않고 가라앉는 배와 함께 침몰하는 것은 어리석은 짓이라는 점이다.

재정은 곧 자유다

돈 그 자체는 가치가 없지만 돈이 주는 구매력은 상당한 가치가 있다. 레스토랑 사업가 투츠 쇼어는 이렇게 말했다.

"나는 백만장자가 되기를 원치 않는다. 다만 백만장자처럼 살고 싶을 뿐이다."

그렇다면 백만장자들은 어떻게 살고 있을까? 그들은 가고 싶을 땐 가고, 오고 싶을 땐 온다. 또한 원하는 곳에서 살고 그들이 하고 싶지 않은 일, 즉 청소, 요리, 잔디 깎기 등은 사람을 고용해서 처리한다. 그 시간에 백만장자는 골프 혹은 휴가를 즐기며 새 사업을 시작하거나 기존의 사업을 키운다. 자선활동을 하거나 연극을 즐기기도 한다. 한마디로 시간을 자유롭게 활용한다.

돈은 우리에게 자유를 준다. 돈은 배고픔으로부터의 자유, 미래가 불투명한 직업으로부터의 자유, 지루하고 힘든 일로부터의 자유, 자녀를 마음에 들지 않는 학교에 보내는 것으로부터의 자유, 주택대출금으로부터의 자유, 싫증난 일을 계속하는 것으로부터의 자유를 보장한다. 무엇보다 인생에서 모든 선택을 스스로 할 자유를 준다.

아주 간단하지 않은가. 여러분이 먹고사는 문제를 해결하느라 별로 장래성도 없는 일을 세 가지나 하면서 허덕거린다면 어떻게 인생의 균형을 유지할 수 있겠는가? 여러분이 사회보장연금으로 간신히 입에 풀칠이나 한다면, 어떻게 인생의 균형을 유지할 수 있겠는가?

재정이 무너지면 균형을 잡을 수 없다. "지출이 수입을 초과하면 주춧돌 밑으로 구멍이 뚫린다"라는 옛 말처럼 인생의 균형을 유지하는 데 재정은 아주 중요하다.

그렇다고 여기서 노후를 위해 돈을 벌거나 저축하는 방법을 알려주려는 것은 아니다. 단지 당신이라는 1인 기업에 얼마나 균형이 중요한지 알려주려는 것뿐이다. 궁극적으로는 균형 있는 삶이 여러분의 정당한 효용가치를 얼마나 극적으로 높여주는지 이해하도록 하는 것이 내 목적이다.

균형을 잃으면 어떤 일이 벌어질까?

1923년 세계적으로 성공한 아홉 명의 금융가가 경제를 논의하기 위해 시카고의 어느 화려한 호텔에 모였다. 부자 중의 부자인 그

아홉 명 중에는 뉴욕 증권거래소 사장, 세계 최대 철강회사 사장, 세계 최대 전기회사 사장, 세계 최대 가스회사 사장, 세계 최대 전매사업 총수도 있었다.

그로부터 정확히 25년 후인 1948년, 그처럼 막강한 힘과 부를 누렸으나 인생에 균형이 없었던 그들에게 과연 어떤 일이 일어났을까? 간단히 말하면 이렇다.

세 명은 자살했다.
세 명은 파산상태에서 죽었다.
두 명은 교도소에서 복역했다.
한 명은 법적으로 정신이상 판정을 받았다.

인생에서 균형은 필수적이다

불행한 말로를 겪은 아홉 명은 모두 돈을 버는 방법에는 정통했다. 그러나 그들 중 누구도 균형의 가치를 배우지는 못했다. 이 사례는 인생에서 균형은 단지 중요한 정도가 아니라 필수적임을 입증한다.

원칙 10

변화당하기 전에 스스로 변화한다

| 원칙 10 | 변화당하기 전에 스스로 변화한다 |

급격한 시대 변화에 정말 적응하기가 힘들다.
차라리 공기가 맑고 섹스를
외설로 여기던 시절이 그립기까지 하다.
- 조지 번스, 미국의 배우 -

언젠가 〈월스트리트 저널〉에 전기계량기를 검침하고 시간당 15달러를 버는 비키 바르작이라는 여성의 이야기가 실린 적이 있다.

비록 박봉이었지만 안정적이라는 장점 하나로 열심히 일한 비키에게 어느 날 날벼락이 떨어졌다. 캔자스시티 전기회사가 시내에 있는 42만 개의 전기계량기에 새로 개발한 '자동판독기'를 설치한 것이다. 비키와 똑같은 일을 하는 자동판독기는 검침이 정확했고 아프다고 병가를 내지도, 노조에 가입하지도, 퇴직금을 요구하지도 않았다. 그저 묵묵히 본사에 있는 컴퓨터에 전기 사용량을 보고할 뿐이었다. 결국 비키는 연봉 3만 2,000달러짜리 일자리를 잃었다.

직업시장의 변화

첨단기술 발달로 일자리 자체가 사라진 사례는 매우 많다. 전화교환원, 은행출납원, 조립공, 표 판매원 등 수많은 일자리가 기계로 대체되었다. 그리고 그것은 우리 모두에게 언제든 닥칠 수 있는 일이다.

오늘날 전 세계에서 열심히 일하는 수천 명의 '비키'가 변화가 주는 위협을 받으며 일하고 있다. 첨단기술과 자동화가 우리의 일자리를 위협하고 있는 것이다. 변화는 빠르고 맹렬하며 냉정하고 계산적이다. 또한 그것은 오늘은 있다가 내일은 어느새 사라지고 만다.

변화는 멈출 수 없다

어쨌든 변화는 이어지고 있고 마음대로 늦출 수도 없다. 빌 게이츠는 이렇게 말했다.

"변화는 선택의 문제가 아니다. 투표로 변화를 멈추겠다고 결정할 수도 없다. 우리는 지금 그 어느 때보다 빠르게 변화하고 있고 우리의 힘은 변화를 수용하는 데서 나온다."

한마디로 게이츠는 스스로 변화할 것인지, 아니면 변화당할 것인지를 말하는 것이다. 어차피 선택의 여지가 없다면 변화당하느니 차라리 변화를 받아들여 이용하는 편이 낫지 않을까?

물속의 개구리

이것은 알코올램프로 가열하는 물속의 개구리 이야기와 비슷하다.

개구리는 처음에 차가운 물속에 있지만 알코올램프 가열로 물의 온도는 서서히 올라간다. 그런데 그 온도가 아주 서서히 올라가는 탓에 개구리는 별로 신경을 쓰지 않는다. 오히려 약간의 따뜻함을 즐기기도 한다. 그러다가 마침내 물의 온도가 끓는점에 이르면 그제야 개구리는 뛰쳐나오려고 하지만 때는 이미 늦고 만다.

변화하지 않으면 변화당할 수밖에 없다. 개구리는 변화를 무시하거나 변화 그 자체를 부정하다가 결국 뜨거운 물에 삶아졌다.

변화의 종류

변화에는 두 종류가 있는데 하나는 우리가 통제할 수 없는 '외적 변화'다. 예를 들면 경제나 기술 발달처럼 우리를 둘러싼 세상이 변화하는 일이다. 다른 하나는 우리가 통제할 수 있는 '내적 변화'다.

자세의 변화, 식생활과 운동 프로그램의 변화, 교육의 변화 등이 여기에 속한다.

빨라진 변화 속도

과거에는 변화가 아주 서서히 일어났다. 석기시대는 수만 년간 이어졌고 중세는 15세기에 이르기까지 꿋꿋이 버텼다. 그런데 20세기 들어 변화에 가속도가 붙기 시작했다. 20세기에 10년 단위로 기술이 어떻게 진보했는지 살펴보자.

1910년대, 자동차와 트랙터가 조립라인에서 쏟아져 나오기 시작했다.
1920년대, 라디오가 인기를 끌었다.
1930년대, 전화 판매가 폭발적으로 이뤄졌다.
1940년대, 비행기로 일반 여행을 하는 일이 가능해졌다.
1950년대, TV가 선풍적인 인기를 끌었다.
1960년대, 최초로 산업용 로봇이 출현했다.
1970년대, 초에 개인용 컴퓨터가 대형 컴퓨터를 대체하기 시작했다.

이들 기술혁신으로 공장 가동률은 100퍼센트를 유지했고 산업시대는 그야말로 풍요를 누렸다. 한데 아이러니하게도 산업시대의 몰락을 부추기는 동시에 지식정보화 시대를 이끈 것도 기술혁신이다. 그 주인공은 바로 자동차, 라디오, 전화, 항공, TV, 산업용 로봇이다.

그러나 이것은 21세기 지식정보화 시대의 변화에 비하면 새 발의 피에 불과하다. 지금은 그야말로 모든 것이 눈 깜짝할 사이에 스치고 지나가듯 변하고 있다.

변화의 물결

소비자 입장에서 지식정보화 시대는 놀랄 만한 변화를 안겨주었다.

정보량이 늘었다.
방송채널이 늘었다.
제품수가 늘었다.
개인용 컴퓨터의 값이 대폭 내려가고 성능이 월등히 좋아졌다.

직업시장에도 변화의 바람은 불어 닥쳤다. 새로 등장한 물결에 항상 밝은 면만 있는 것은 아니다. 기술은 문을 열어주기도 하지만 문을 닫기도 한다.

　제조업이 쇠퇴했다.
　해고는 늘어나고 고용은 줄고 있다.
　직업 안정이 사라졌다.
　정규직은 줄어들고 비정규직은 늘어났다.

변화의 밝은 면과 어두운 면

　장기적으로 볼 때, 어떤 변화는 수많은 이익을 안겨주고 또 어떤 변화는 해를 입힐 것이다. 리더십 전문가 워런 베니스는 자동화와 기술이 제조업을 어떻게 변화시킬지에 대해 이렇게 말한다.
　"미래의 공장에는 직원 한 명과 개 한 마리만 남을 것이다. 사람은 개에게 먹이를 주고, 개는 사람이 기계에 손대지 못하도록 감시한다."
　물론 이것은 다소 과장된 표현이지만 변화의 핵심을 확실히 간파하고 있다. 다시 말해 자신을 직원으로 여기는 사고에서 1인 기업으로 여기는 사고로 패러다임을 전환하지 않으면 미래의 삶이 힘겨워지리라는 것을 예고한다.

변화의 밝은 면

전기계량기 검침원 비키의 이야기를 다시 한 번 생각해보자. 언뜻 비키는 테크놀로지에 삶의 터전을 내준 불행한 사람으로 보인다. 사실 수천 명의 검침원이 직장을 잃는 것은 문제가 아니다. 자동판독기를 설치할 경우 수천 개의 기회가 생기기 때문이다. 여러분은 미국의 모든 도시가 자동판독기로 전환할 경우 어떤 일이 벌어질지 상상할 수 있는가?

우선 자동판독기 제작을 위해 수천 명이 고용되고 또한 그것을 설치하는 데 수천 명이 더 필요하다. 또한 도시마다 검침 결과를 월별 청구서로 변환하는 컴퓨터 프로그램을 구입하면, 프로그램업체는 제품 포장지를 디자인할 마케팅 담당자와 제품 광고 및 판매를 맡아줄 사람을 고용해야 한다.

이는 노동력에 기초한 구경제가 테크놀로지와 창조적인 해결책에 기초한 신경제로 바뀔 때 어떤 일이 벌어지는지 보여주는 전형적인 사례다. 물론 비키가 일자리를 잃는 것은 딱한 일이지만, 다른 누군가가 자동판독기를 설치하는 일에 고용된다면 그것은 좋은 일이다.

손실과 이득

어느 한 사람에게 손해인 것이 다른 한 사람에게 이익을 주는 순환이 자유기업을 돌아가게 한다. 물론 시장주도적인 경제가 이상적인 유토피아라는 얘기는 아니다. 실제로 시대가 변화하는 과정에는 수많은 사람의 희생이 따른다. 그렇지만 시계를 되돌릴 방법은 없다. 이제 평생직장 개념은 유물이 되어버렸다. 그것을 그리워한다고 시간이 거꾸로 흐르지는 않는다.

변화의 놀라운 사례

우리는 지금 급속히 변화하는 시대를 살아가고 있다. 싫든 좋든 우리는 물에 빠진 개구리 신세가 된 것이다. 그리고 우리는 구경제에서 신경제로 전환하는 것 같은 외적 변화를 통제할 수 없다. 단, 어떻게 대응할지는 우리 손에 달려 있다. 여러분은 변화당하기 전에 당신이라는 1인 기업의 정당한 효용가치를 극적으로 높여 변화를 이용해야 한다. 체코슬로바키아 태생의 독일 소설가 프란츠 카프카는 말했다.

"만약 당신과 세상 사이에 싸움이 벌어진다면, 세상 쪽에 돈을 걸어라."

세계는 아주 빠르게 변화하고 있다. 굴뚝 공장은 공룡의 전철을 밟고 있고 새로운 직업이 속속 출현하고 있다. 우리가 해야 할 일은 세상에 맞서 변화를 가로막는 것이 아니라, 스스로 변화해 '세상 쪽에 돈을 거는 것'이다.

삶이 나아지기를 바란다면 자기 자신부터 바꿔라

성공하고 싶은가? 그것을 간절히 원하는가? 만약 그렇다면 당신이라는 1인 기업을 바꿔라. 경영의 귀재 톰 피터스는 "변화는 파괴를 부른다. 그래도 우리는 변화할 수밖에 없다. 지금은 변화를 사랑하는 법을 배우는 것만이 살아남는 유일한 길이다"라고 말했다.

당신이라는 1인 기업의 정당한 효용가치를 극적으로 높이고 싶다면 여러분은 더 나아져야 한다. 그리고 여러분이 더 나아지려면 스스로 변화를 일으켜야 한다. 그렇기에 나는 항상 이 말을 강조한다.

"삶이 나아지려면 당신이 나아져야 한다. 삶이 바뀌려면 당신이 바뀌어야 한다."

따지고 보면 사람들은 대부분 똑같은 것을 추구한다. 우리는 모두 내 집, 멋진 차를 갖고 싶어 하며 자유를 갈망한다. 또한 재정적 자유를 추구하고 자신과 가족이 모두 건강하기를 바란다. 나아가 아이들이 좋은 교육을 받고 자라 자기 꿈을 마음껏 펼치기를 원한다.

이런 삶을 추구하면서도 만약 여러분이 엉뚱한 길을 달리고 있다면 당연히 방향을 바꿔야 한다. 동기부여 연설가 짐 론은 말했다.

"앞으로의 5년이 지나간 5년보다 나아지려면 당신이 변화를 일으켜야 한다."

엇갈린 운명

삶에서 적극 변화를 시도하는 사람과 변화를 거부하는 사람 사이에는 어떤 일이 벌어질까? 다음은 마이클과 크리스 형제 이야기다. 이들은 1960년대 초에 태어나 샌프란시스코의 리치먼드에 있는 흑인지역에서 자라났다. 아이가 여덟 명인 노동자 집안에서 태어난 탓에 종종 끼니를 걸렀으나 두 소년은 모두 초등학교 내내 A학점을 받았다.

환경의 영향을 받다

형제는 배가 고프면 다른 아이들이 하는 것처럼 물건을 훔쳤다. 그들은 다섯 살 무렵부터 고등학교를 마칠 때까지 크래커, 과자, 샌

드위치 등을 훔쳐 허기를 달랬다. 이들이 무언가를 훔칠 때는 대부분 배고픔을 면하기 위해서였다.

두 형제는 버스로 시내를 가로질러 케네디 고등학교에 다녔다. 그 무렵 A 세 개와 F 세 개를 받은 크리스는 처음 낙제 점수를 받고 깊은 생각에 잠겼다. 그리고 이제라도 자신의 행동을 바꿔야겠다고 결심했다.

성공을 결심하다

케네디 고등학교에서는 4년 동안 F를 세 번만 허용했기에 크리스는 한 번만 더 F를 받으면 쫓겨날 판이었다. 바로 그 순간 크리스는 변화하기로 결심했다. 몇 년 후 크리스는 당시를 회상하며 말했다.

"그해 여름 나는 내가 기회를 놓치고 있다는 사실을 깨달았다. 한 번만 더 F를 받으면 나는 고등학교 중퇴생이 될 수밖에 없었다. 그러면 나는 동네 어른들의 눈치를 보면서 거리를 어슬렁거리거나 아니면 군에 입대할 게 뻔했다. 그때만 해도 형 러스티가 교도소에서 생을 마칠 거라거나 또 다른 형 해롤드가 세상을 일찍 뜰 거라고는 생각지 못했다. 마이클에게 어떤 일이 일어날지도 알지 못했다. 그래도 내가 그 상황을 빠져나와야 한다는 것만은 알고 있었다. 나는 자유롭게 옷을 사 입고 내 차를 몰고 싶었다. 절대로 리치먼드의 하류인생으로 생을 마감하고 싶지 않았다."

그가 변화를 결심했을 때 그것을 실천하기란 결코 쉬운 게 아니었다. 그가 C나 D를 받아 간신히 낙제를 모면하느니 차라리 뛰어난 성적을 거두기로 마음먹자 친구들이 그를 따돌렸다. 그래도 그는 비생산적인 행동을 지속한 형 마이클과 전혀 다른 방향으로 나아갔다.

이후 크리스는 법대를 나와 15년 동안 로스앤젤레스의 부지방검사로 일하며 살인자, 마약거래자, 갱단, 부패 경관 들을 기소했다. 그가 바로 세기의 재판이라 불린 O. J. 심슨 재판의 수석검사 중 하나였던 크리스토퍼 다덴이다.

또 다른 길을 걸어간 마이클은?

그렇다면 그의 형 마이클은 어떻게 되었을까? 간신히 고등학교를 마친 뒤 군에 입대했다가 고향으로 돌아온 마이클은 예전과 다름없이 반사회적인 행동을 일삼았다. 거리에서 불량배 노릇을 하며 마약 값을 벌기 위해 도둑질을 하기도 했다. 그러다가 1995년 11월 29일 에이즈로 사망했다.

선택권은 자신에게 있다

 우리가 누구이고 무엇이 되는가는 선택에 달린 문제다. 우리는 더 나아지는 길을 선택할 수도 있고 비참해지는 길을 선택할 수도 있다. 크리스토퍼처럼 열네 살에 하든 커널 샌더스처럼 예순네 살에 하든 그 선택은 우리의 가치를 극적으로 높여준다.

 크리스토퍼는 범죄자가 되기를 거부하고 변화하기로 결심해 범죄자를 기소하는 사람으로 바뀌었다. 그는 걸핏하면 분노를 터뜨리는 냉소적인 태도를 개방적으로 수용하는 태도로 바꾸었다. 그리고 그는 자신감이 없고 환멸로 가득 찬 소년에서 꿈을 실현하려는 결의로 가득 찬 젊은이로 바뀌었다.

 반면 마이클은 변화당했다. 그는 가난과 거리의 법칙, 불법적인 마약에서 벗어나지 못해 변화당했다. 그러다가 마침내 온몸으로 파고든 질병에 점령당하고 말았다.

쉬운 선택과 어려운 선택

 크리스토퍼는 자신의 꿈을 실현하기 위해 어려운 선택을 했다. 반대로 그의 형 마이클은 손쉬운 길을 선택했다. 그는 여전히 패자들과 어울렸고 자기 파괴적인 습관을 버리지 못했다. 그 결과 두 사람의 운명은 극명하게 달라졌다. 물론 그들은 스스로 운명을 선택했다. 크리스토퍼는 검사로 성공하는 삶을 택했고, 마이클은 비참한 뒷골목 인생을 선택했다.

선택의 대가

분명한 사실은 어느 쪽을 선택하든 대가는 치러야 한다는 점이다. 여기서 마이클이 변화를 거부한 대가가 크리스토퍼가 변화를 추구한 대가보다 훨씬 더 컸다는 사실은 매우 중요하다. 마이클의 사례에서 여러분은 무엇을 깨달았는가? 적극적이고 생산적인 변화를 추구하는 일의 심오한 의미를 깨달았는가?

따지고 보면 선택은 여러분의 것이다. 여러분은 좌절과 불행에 이르는 행동을 계속할 수도 있고 원하는 삶을 위해 변화할 수도 있다.

부탁하건대 '백만장자가 될 수 있었는데', '더 행복해질 수 있었는데', '더 건강해질 수 있었는데', '성공할 수 있었는데' 하면서 후회하는 사람이 되기로 선택하지 않길 바란다.

오늘 당장 변화하기 시작하면 내일은 여러분이 원하는 사람이 될 수 있다!

EPILOGUE
운명은 선택이다

에필로그

운명은 선택이다

우리 뒤에 있는 것과 앞에 있는 것은
우리 안에 있는 것에 비해 하찮다.

- 랠프 월도 에머슨, 미국의 철학자 -

위글리 추잉껌의 설립자 R. J. 위글리는 광고의 장점을 최대로 활용할 줄 아는 사람이었다. 경쟁자들이 광고에 수천만 달러를 퍼부을 때, 그는 수백만 달러를 투자해 어디서든 위글리 껌의 광고가 드러나게 했다. 어느 날 위글리가 중요한 회의에 참석하기 위해 비행기를 타고 이동할 때 한 승객이 물었다.

"위글리 씨, 당신의 회사는 모든 경쟁자를 합한 것보다 더 많은 껌을 팔고 있는데 왜 계속 광고를 하는 거죠?"

위글리는 서류에서 눈을 떼고 그 승객을 잠시 바라보더니 이렇게 대답했다.

"이 비행기가 이미 하늘을 날고 있지만, 조종사가 계속 엔진을 돌리는 것과 같소."

자기 운명의 조종사

광고, 비행, 인간의 성장은 모두 같다. 목적지에 도착하고 싶으면 계속 엔진을 돌려야 하고 그러려면 당연히 연료가 필요하다. 그렇기에 내가 이 책을 쓴 것이다. 나는 당신이라는 1인 기업의 엔진이 효율적·지속적으로 돌아가도록 연료를 공급하고 싶다. 여러분은 비행 도중 연료를 넣어야 하고 또 정비와 점검도 필요하다. 무엇을 하든 여러분이 자기 인생의 조종사라는 점을 잊지 마라. 엔진이 계속 돌아가도록 할지 아니면 격납고에 처박아둘지는 여러분이 결정할 문제다.

당신이라는 1인 기업을 생각하라!

지금까지 말한 핵심 내용을 다시 한 번 생각해보자.
당신이라는 1인 기업 프로그램은 여러분이 내면에 있는 최고경영자를 발견하도록 개인의 패러다임을 확장해 나가는 것의 중요성을 일깨워준다. 여러분은 당신이라는 1인 기업의 설립자이자 사장이다. 따라서 성공적인 기업이 자신의 정당한 효용가치를 높이고 수백만 달러의 이익을 내기 위해 사용하는 원칙을 적용해 여러분의 가치를 극적으로 높여야 한다. 지금까지 여러분의 잠재력을 좁은 의미로 한정해온 '나는 ○○의 직원이야', '나는 남편 혹은 아내야'라는 의식을 버리고 사고의 차원을 높여 성공적인 회사처럼 생각하고 행동해야 하는 것이다.

숨은 자산을 인식하라

여러분은 수백만 달러를 거대한 창고 속에 감춰놓고 사용하지 않는 회사에 투자하고 싶은가? 아마 없을 것이다. 돈을 활용하지 않고 처박아둔다면 그것은 없는 것과 마찬가지다. 돈은 그것을 활용해 가치 있는 일에 사용하기 위한 수단일 뿐이다.

당신이라는 1인 기업도 마찬가지다.

재능을 묻어두면 여러분은 돈을 금고에 넣고 비밀번호를 잊은 것과 같다.

재능을 묻어두면 여러분은 성장할 수 없다.

재능을 묻어두면 여러분은 개인적인 가치를 높일 수 없다.

재능을 묻어두면 여러분은 좌절하거나 죄의식에 빠질 수 있다.

자기 제한적인 사고와 행동은 잠재력을 활용하지 못하게 만든다. 어떤 현자는 이렇게 말했다.

"사람들 주변에 울타리를 치면 그들은 양처럼 되어버린다."

그 울타리를 타인이 치든 스스로 치든 결과는 마찬가지다. 스스로를 제한하면 성취하면서 성장하지 못하고 울타리 안에 안주하는 겁 많은 양이 되고 만다.

만약 신이 우리가 양처럼 행동하길 바랐다면 애초에 우리를 양으로 만들었으리라. 이제 여러분은 당신이라는 1인 기업의 10가지 원칙을 이해·적용·성취함으로써 울타리를 부숴야 한다.

EQ의 활용

앞서 우리는 EQ의 두 가지 중요한 내용을 배웠다. 하나는 인생에서 성공의 80퍼센트는 IQ가 아니라 EQ에 달렸다는 것이고, 다른 하나는 태어나면서부터 결정되는 IQ와 달리 EQ는 언제든 개선할 수 있다는 점이다. 이는 여러분이나 나 같은 보통사람도 스스로 개인적인 성장을 책임진다면, 보통 이상의 삶을 살 수 있음을 의미한다.

자신의 정당한 효용가치 높이기

최소의 기술과 경험이 있는 사람의 정당한 효용가치는 '최저임금'이다. 그러나 최저임금을 받으며 일하기 시작한 사람도 자신의 가치를 최대한 높이면 소득 능력을 극적으로 높일 수 있다.

1981년 체리 도스가 커즌 서브마린 숍에서 계산원으로 일하기 시작했을 때, 그녀는 시간당 2.90달러를 받았다. 그녀는 15년 동안 열심히 일했고 배우려는 자세가 좋아 많은 칭찬을 받았다. 특히 커즌의 임원들은 그녀가 사내 경영훈련 프로그램을 받도록 격려해주었다.

자신의 가치를 꾸준히 높인 그녀는 결국 승진을 거듭해 300명의 직원을 거느린 여덟 개 커즌 숍 체인의 매니저가 되었다. 오늘날 그녀는 미래의 커즌 관리자들이 그녀가 한 것처럼 스스로의 가치를 높이는 길을 걷도록 훈련시킨다.

나 역시 이 책을 통해 체리 도스 같은 사람들이 사용한 원칙을 보다 많은 사람이 쉽게 이해하도록 도움으로써 그들이 스스로의 가치를 높이도록 동기를 부여하고 싶다.

스스로를 과소평가한 슬픈 이야기

사람들이 자신의 재능, 생각, 독창성을 과소평가하면 어떤 결과가 벌어지는지 아는가? 다음은 클리블랜드 출신의 제리 시겔과 조 슈스터의 이야기다.

제리는 늘 공상 속을 헤매는 빼빼 마르고 못생긴 고등학생으로 매력적인 또래 여자아이에게 푹 빠져 있었다. 하지만 그 여학생은 그에게 관심은커녕 눈길조차 주지 않았다.

"내가 흠뻑 빠진 여학생은 나를 신경 쓰지도 않았고 내 존재조차 알지 못했다."

제리가 이렇게 고백할 만큼 그는 인기가 없었다. 그 탓에 그는 도를 넘어 자신에게 뭔가 특별한 일이 일어난다면, 가령 초인적인 힘이 생겨 날아다닌다면 학교에서 가장 예쁜 여학생이 자신을 어떤 눈으로 바라볼지 상상하기 시작했다.

제리는 그 공상을 가장 친한 친구 조 슈스터에게만 말했는데 당시 조도 비슷한 경험을 하고 있었다. 조는 무엇이든 잘 그려내는 재주가 있었지만 역시 친구가 없었던 것이다.

그는 마치 그림 속 주인공이 종이 밖으로 걸어 나올 것 같은 느낌이 들만큼 그림을 잘 그렸다.

어쨌든 다른 친구가 없었던 두 사람은 함께 많은 시간을 보냈고, 조는 제리가 쏟아내는 환상적인 이야기를 그림으로 표현하기 시작했다.

영웅 탄생

제리는 자신의 상상을 글로 썼고 조는 그것을 그리면서 그들은 학교를 졸업한 후에도 가깝게 지냈다. 결국 그 가상의 이야기는 서서히 꼴을 갖추기 시작했다.

그들의 이야기 속에서 초인적인 힘이 있는 주인공은 멸망한 행성 크립톤에서 태어나 아기였을 때 우주선에 실려 지구로 보내진다. 드넓은 중동의 한 지역으로 내려온 아이는 늙은 부부의 보살핌을 받는다. 어느덧 청년으로 자란 주인공은 자신의 초능력을 감추고 온순한 성품의 신문기자로 살아간다.

조는 제리가 주인공의 모험 이야기를 쓰는 속도와 똑같이 주인공을 그려냈다. 그는 주인공에게 빨간 망토가 달린 파란 스키복을 입혔고 옷 위에는 그 캐릭터의 이름, 즉 슈퍼맨을 상징하는 크고 붉은 'S'자를 넣은 삼각 문양을 그렸다.

소박한 꿈

열심히 창작활동에 몰두한 20대 초반의 두 젊은이는 슈퍼맨 스토리를 출판업자에게 팔려고 했지만, 아무도 거들떠보지 않았다. 그런데 1938년 3월 슈퍼맨 스토리를 읽은 DC코믹스의 출판업자는 깊은 감동을 받은 나머지 그 자리에서 슈퍼맨 캐릭터의 독점판권을 샀고, 두 젊은이도 회사에 고용했다.

그들은 매우 기뻤다. 자신들의 창작물도 팔고 스물세 살의 나이에 잘나가는 만화출판사에 정식으로 채용되었기 때문이다. 그들은 꿈을 이뤘다고 생각했다.

슬픈 결말

그들의 이야기가 그렇게 행복한 결론으로 끝났으면 오죽 좋을까? 안타깝게도 이것은 자신의 정당한 효용가치를 과소평가하면 어떤 일이 벌어지는지 보여주는 이야기다.

알다시피 슈퍼맨 캐릭터는 미국은 물론 전 세계적으로 공전의 히트를 쳤다. 그 캐릭터는 시장에 나온 이래 만화책, 특허권 거래, TV 연재물, 장편영화 등으로 헤아릴 수 없이 많은 돈을 벌어들였다. 최초의 슈퍼맨 영화만으로도 최소 1억 달러 이상을 벌었다.

그리고 1978년에 소개된 이후 슈퍼맨 캐릭터의 금전적 가치는 10억 달러가 넘었다.

그렇다면 제리와 조는 어느 정도나 이익을 보았을까? 놀랄 준비를 하시라. 그들이 받은 이익은 겨우 130달러였다. 그들은 10억 달러의 가치가 있는 슈퍼맨 캐릭터의 권리를 겨우 130달러에 넘긴 것이다. 1인당 65달러에 말이다! 이 얼마나 안타까운 노릇인가.

이어지는 이야기

슈퍼맨 캐릭터가 선풍적인 인기를 끌 무렵 제리와 조는 DC코믹스에 이익의 지분을 요구했다. 그들은 어떤 대답을 들었을까? 그들은 한 푼도 받지 못하고 오히려 직장에서 해고되었다. 이후 저작권을 되찾기 위한 일련의 소송에서 패한 그들은 극빈자에 가까운 삶을 살았다. 제리는 로스앤젤레스에서 타이피스트로 일했고 조는 맨해튼에서 배달부로 일했다.

1978년 최초의 슈퍼맨 영화가 흥행에 성공하자 DC코믹스는 여론에 밀려 두 사람에게 각각 매년 2만 달러의 연금을 지급했다. 그러나 조는 1992년 파산상태에서 임종을 지키는 이도 없이 홀로 사망했고, 그로부터 4년 후 제리도 거의 한 푼도 없이 죽었다.

만약 제리와 조가 1인 기업의 개념을 충분히 이해했다면, 그들이 자기 내면의 최고경영자를 발견했다면, 자신의 정당한 효용가치를 극적으로 높여주는 10가지 원칙을 이해했다면, 슈퍼맨 캐릭터 권리를 단돈 130달러에 팔아넘기지는 않았을 것이다.

알아야 행운을 움켜쥔다

조와 제리는 자신들의 가치를 깨닫지 못해 약삭빠른 사업가에게 이용당하고 말았다. 무지 때문에 행운을 놓친 것이다. 그들이 여러분과 나만큼만 알았어도 그들의 인생은 전혀 다른 방향으로 흘러갔을 것이다.

자신의 정당한 효용가치를 극적으로 높이는 방법을 모르면 조와 제리처럼 슬픈 상황에 놓이고 만다. 이 이야기의 교훈은 끝나지 않았다. 아직도 수많은 사람이 자신의 정당한 효용가치를 과소평가하고 있기 때문이다. 스스로를 값싸게 넘기지 마라. 착취당하는 것은 슬픈 일이다.

자신의 가치를 깨달아야 한다

외과의사이자 베스트셀러 작가인 맥스웰 말츠는 이렇게 말했다.

"인생의 커다란 즐거움은 어느 날 갑자기 자신의 가치를 깨닫는 것이다."

나는 진심으로 10가지 원칙이 여러분에게 여러분의 가치를 인식할 지식, 지혜, 이해력을 길러주길 바란다. 조와 제리는 자신들의 가치를 인식하지 못해 원래는 그들의 것이었던 행복한 60년을 되찾으려는 노력만 하다가 세상을 떠났다. 이 얼마나 안타까운 일인가.

인생은 10단 기어 자전거와 같다

우리에게는 모두 뛰어난 운동신경이 있지만 나이가 들면서 편한 것만 추구하다 천부적 재능을 썩히는 사람이 많다. 또한 젊은 시절에는 모험심과 열정이 넘쳤지만 나이가 들면서 점점 부정적이고 냉혹해지는 사람도 있다. 활동적이던 사람이 안정된 직업에 파묻혀 그럭저럭 살아가는 경우는 또 얼마나 많던가. 어느 유머 작가가 말했다.

"인생은 10단 기어 자전거와 같다. 그럼에도 불구하고 그것을 모두 사용하는 사람은 드물다."

여러분은 어떠한가? 나이가 들면서 운동감각을 잊고 부정적이며 안정된 직업에 파묻혀 그럭저럭 살아가는 사람이 10단 기어를 모두 사용할까? 분명 페달을 밟기 쉽다는 이유로 저속기어만 사용할 가능성이 크다. 저속기어로 페달을 돌리는 것은 쉬운 일이지만 그것은 쳇바퀴에 틀어박혀 똑같은 자리를 맴도는 것이나 마찬가지다.

만약 두 번째 인생이 주어진다면?

유머작가이자 칼럼니스트인 에마 봄베크는 희귀한 신장병으로 죽기 전에 《만약 두 번째 인생이 주어진다면》이라는 제목으로 진지하게 칼럼을 썼다.

"'사랑해요'라는 말을 좀 더 많이 할 것이다. '미안해요'라는 말을 좀 더 많이 할 것이다. '듣고 있어요'라는 말을 좀 더 많이 할 것이다. 무엇보다 매순간을 즐기고 자세히 바라보고 진심으로 이해하고 노력할 것이다. 단 한 순간도 놓치지 않고, 헛되이 흘려보내지 않을 것이다."

안타깝게도 우리는 두 번 살 수 없다. 방법은 하나다. 지금 당장이라도 두 번째 인생을 사는 것처럼 살아보라. '바로 지금 시작'하는 심정으로 새로운 인생을 살아가는 것이다.

1인 기업 프로그램의 목적

당신이라는 1인 기업 프로그램을 통해 나는 여러분에게 인생에서 당연히 누릴 권리가 있는 모든 것을 갖도록 정보를 제공하고 싶다. 나는 여러분이 지금까지 말한 10가지 원칙을 이해하고 인생에 적용해 꿈을 실현하며 인생의 질을 높일 것이라고 믿는다.

디즈니사의 고전적인 만화영화 〈라이온 킹〉의 마지막 장면은 여러분이 왜 지금 당장 변해야 하는지 잘 보여준다. 영화가 끝날 무렵 젊은 라이온 킹 심바는 조직을 떠나 한가하게 생활하며 성장한 사자로서의 책임을 회피하려 애쓴다. 그러자 죽은 아버지, 킹 무파사의 환영이 나타나 현실을 직시해야 한다는 말을 한다. 킹 무파사는 아들에게 말한다.
"심바, 너는 네가 누구인지 잊고 있다. 너 자신을 들여다봐라. 너는 네가 아는 너보다 훨씬 더 훌륭하다."
여러분은 여러분이 아는 것보다 훨씬 더 훌륭한 사람이다. 이 얼마나 강력한 말인가! 나는 주위에서 계발하지 않는, 사용하지 않는 재능을 발견하면 마음이 아프다.

자신의 잠재력을 최대한 발휘하지 못한 것을 후회하며 안락의

자에 앉아 있는 것보다 나쁜 운명은 없다. 여러분은 자신의 잠재력을 최대한 발휘하고 있는가? 아니면 잠재력을 억누르며 원하는 삶과 거리가 먼 인생의 길을 근근이 버티고 있는가?

안타깝게도 우리 중에는 자신이 누구인지 잊고 사는 사람이 너무 많다. 우리 중에는 자신이 아는 자신보다 훨씬 더 훌륭한 사람이 너무 많다.

인생은 항상 진행 중이다

인생에는 연습이 없다. 우리의 삶은 늘 실제 상황이다. 인생은 언제나 진행 중이고 여러분은 살아 있다. 그러므로 단 한 번밖에 주어지지 않는 인생을 낭비하지 말고 최선을 다해 살아가야 한다. 결코 여러분 주위에 울타리를 치고 그곳에 안주해 인생을 낭비하지 마라. 킹 무파사가 아들이 스스로를 성찰하게 했듯 나도 여러분이 그렇게 하도록 해주고 싶다.

모든 잠재력을 깨달아라

스스로를 돌아보고 자신이 무엇이 될 수 있는지 확실히 깨닫기를 바란다. 만약 여러분이 당신이라는 1인 기업의 가치를 깨닫는다면, 여러분은 태어난 소명대로 살고 이제까지 꿈꿔온 모습보다 더 훌륭해질 것이다.

여러분 자신을 믿어라!

옮긴이 **박 옥**

서울대학교 소비자학과를 졸업하고 미국 그로스먼트 대학에서 전문통역과정을 이수했다. 현재 통역 및 번역가로 활동 중이다. 옮긴 책으로는 '거절은 나를 다치게 하지 못한다', '백만장자의 비밀노트', '유쾌한 성격 분석'등이 있다.

당신이라는
1인 기업

초판 4쇄 | 2025년 4월 7일

지은이 | 버크 헤지스
옮긴이 | 박옥
발행인 | 김명선

발행처 | 도서출판 나라
주소 | 경기도 성남시 분당구 탄천상로 151번길 20
전화 | (02)415-3121
팩스 | (02)415-0096
등록번호 | 제11-227호
이메일 | narabooks@daum.net

ISBN | 979-11-87367-01-7

값 | 15,000원

* 좋은 독자가 좋은 책을 만듭니다.
* 나라출판사는 독자 여러분의 의견에 항상 귀 기울이고 있습니다.